U0274489

民法典时代下的
企业合规政策制定
与舞弊防范

郭 华　李大伟 / 著

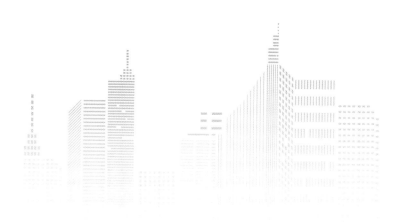

清华大学出版社
北京

内容简介

本书在参照《中华人民共和国民法典》《中央企业合规管理办法》等法律法规及合规规范性文件的基础上，围绕解决中小企业合规政策制定和舞弊防范问题编写。本书共十三章，前五章主要论述合规的基本理念，主要包括：合规基本价值、合规基本原则、合规管理体系、合规管理框架、合规信息化建设。从第六章到第十二章主要论述合规在各领域的实际应用，主要包括：反垄断合规、生态环保合规、安全生产合规、知识产权合规、税务管理合规、数据保护合规、涉外业务合规。第十三章主要论述了合规舞弊的防范，为本书的重点。

图书在版编目（CIP）数据

民法典时代下的企业合规政策制定与舞弊防范 / 郭华，李大伟著. —北京：清华大学出版社，2024.4

ISBN 978-7-302-66110-8

Ⅰ.①民…　Ⅱ.①郭…②李…　Ⅲ.①企业法－研究－中国　Ⅳ.①D922.291.914

中国国家版本馆CIP数据核字（2024）第082049号

责任编辑：张尚国
封面设计：秦　丽
版式设计：文森时代
责任校对：马军令
责任印制：丛怀宇

出版发行：清华大学出版社
　　　　网　　　址：https://www.tup.com.cn，https://www.wqxuetang.com
　　　　地　　　址：北京清华大学学研大厦A座　　邮　　编：100084
　　　　社 总 机：010-83470000　　　　　　　　邮　　购：010-62786544
　　　　投稿与读者服务：010-62776969，c-service@tup.tsinghua.edu.cn
　　　　质 量 反 馈：010-62772015，zhiliang@tup.tsinghua.edu.cn
印 装 者：河北鹏润印刷有限公司
经　　销：全国新华书店
开　　本：170mm×240mm　　印　　张：18　　字　　数：205千字
版　　次：2024年5月第1版　　　　　　　　印　　次：2024年5月第1次印刷
定　　价：69.80元

产品编号：099947-01

　　企业合规从早期的企业内部自我管理机制逐渐发展为一项重要的法律制度，是经历了一个过程的。有关这方面的规范性文件最初是国家于 2018 年陆续实施的《合规管理体系　指南》、《中央企业合规管理指引（试行）》和《企业境外经营合规管理指引》，上述合规性文件之所以于 2018 年相继出台，是因为当时发生了四个颇具影响力的事件，引起了国务院有关部门对企业合规性问题的高度关注。

　　第一个是安邦保险事件。安邦集团因违规经营，最终被处罚 800 亿元，控股人同时受到刑事处罚。

　　第二个是香港特别行政区民政事务局前局长被控为华信集团行贿非洲高官事件，使华信集团的生产经营受到严重影响。

　　第三个是美国制裁中兴事件，对中国企业造成了战略上的威慑与威胁。

　　第四个是吉林长春长生药业疫苗事件，此事件导致该公司在 A 股退市。

　　上述事件的出现虽然有偶然性，但是折射出我国许多企业在生产经营等深层次方面存在的合规性问题，因此可以说有其爆发的必然性。由此，国务院有关部门出台了一系列规范性文件予以规范，旨在促进我国企业合规经营规范化、制度化和常态化，避免因不合规给企业经营带来的较强冲击，使企业及早避免或降低不应有的损失，以免受到惩罚。

2020 年 3 月，中华人民共和国最高人民检察院（以下简称"最高检"）在六个基层检察院率先部署了企业刑事合规不起诉改革试点工作。历经一年的试点探索发展，刑事合规在制度建设和司法实践方面均取得了一些成果。2021 年 4 月，最高检发布《关于开展企业合规改革试点工作方案》，启动了第二期企业刑事合规不起诉改革试点工作。2021 年 6 月 3 日，最高检会同司法部、财政部、生态环境部、国资委、国家税务总局和国家市场监管总局、全国工商联、中国贸易促进会联合发布了《关于建立涉案企业合规第三方监督评估机制的指导意见（试行）》（以下简称《意见》）。2021 年，最高检发布企业合规改革试点典型案例，并陆续出台和贯彻落实《意见》的实施细则以及《涉案企业合规第三方监督评估机制专业人员选任管理办法（试行）》《涉案企业合规建设、评估和审查办法（试行）》《涉案企业合规第三方监督评估机制管委会办公室工作规则》等规范性文件。2022 年 9 月，国资委发布《中央企业合规管理办法》，以部门规章的形式对中央企业进一步深化合规管理提出明确要求。从组织机构职责、制度建设、运营机制、考核评价等方面加大对中央企业的管理力度，将原来的"指引"软约束提升为"办法"硬要求，将依法合规经营作为企业必须遵循的一个重大原则。国有企业特别是中央企业在这方面必须发挥表率作用，使中央企业的合规管理体系进一步规范化。

现代信息化社会，法律法规制度逐步完善健全，企业要想获得长足的发展，必须依法合规经营，并将其作为一项不可或缺的重要制度去建立。我国企业合规制度起步较晚，企业合规在体系上不够完整，内容上不够完善，层级不够高，但现阶段发展速度较快并取得了一定的成果，且初步呈现出以行政立法推动国企进行企业合规计划建设的趋势。从企业行为来看，国有企业及各地方国有企业会在《中央企业合规管理办法》实施后，在各级国资委的统一领导下，积极贯彻落实《中央企业合规管理办法》，以满足企业合规管理发展的需要。

党的二十大为新时代企业发展创造了优良的营商环境，企业合规制度必将入法并成为法定制度，因此我们不仅应当积极参与该项制度的建设与实践，扮演好国有企业合规建设的参与者角色，还应积极探索中小企业的合法合规建设，促进"严管"的全面制度化，不让"厚爱"被滥用。基于此，我们在参照《中央企业合规管理办法》等合规规范性文件的基础上，围绕解决中小企业合规政策制定和舞弊防范问题编写了本书，作为中小企业合规建设的参考用书。本书试用简洁通俗的语言解释合规的相关理论与概念，不足与疏漏之处在所难免，欢迎各位专家、学者、律师以及企业管理人员等予以赐教和指正，在此深表感谢！

目录

第一章 企业合规的基本价值

一、什么是企业合规

美国是最早实行企业合规管理的国家，对企业合规含义的了解还需要从其发生的事件说起，"安达信事件"可以作为了解、认识此问题的重要线索之一。

安然公司成立之初，安达信作为当时的全球五大会计师事务所之一，为安然公司提供内部审计和咨询服务。2001年10月，安然财务丑闻爆发，美国证交会对其启动监管调查程序。获此消息后，安达信的休斯敦事务所开始销毁有关安然公司的大量会计账册，直到11月8日收到证交会的传票方才停止销毁行为。2002年3月7日，得克萨斯州南区联邦地区检察官办公室经初步调查，认定安达信涉嫌妨碍司法罪，经大陪审团批准，起草了对安达信的起诉书。当时该份起诉书没有向安达信披露，检察官向安达信提出了进行辩诉交易的建议，遭到安达信执行官及其辩护律师的拒绝。3月14日，检察官向法院提交起诉书，案件正式进入法庭审理程序。安达信被起诉后，信誉危机日趋严重，很多客户相继中断了与该会计师事务所的业务联系。为避免危机扩大，安达信试图与检察官达成暂缓起诉协议，但因为对检察官提出的，包括缴纳高额罚款、配合调查、重建合规计划在内的一系列要求难以接受，导致协议没有达成。6月15日，联邦地区法院开庭审理后，判决安达信妨碍司法罪成立，判处罚金50万美元，责令其五年内不能从事会计业务，安达信提出上诉。2004年6月16日，联邦第五巡回上诉法院裁定维持有罪判决。对此裁定，安达信继续向联邦最高法院提起上诉，但联邦最高法院的裁定并没有改变安达信的命运。早在联邦检察官对其提出起诉后，美国证交会就要求安达信自 2002 年 8 月 31 日起停止为上市公司提供审计业务，这导致安达信业务大量流失，客户中断业务联系，员工纷纷另寻出路，仅在美国就有 28 000 人失业。据报道，2001 年，安达信在全球 85 个国家和地区曾设有 390 个分支机构，雇员总数达 85 000 人，全球营业额达到 93.4 亿美元，但到 2002 年年底，2300 多家上市公司的客户陆续离开安达信，安达信全球分支机构也相继被撤销或收购，雇员仅剩 3000 人。

安达信事件发生在美国经济危机前夕，尽管安达信受到了法律制裁，但同时也引发了人们对美国联邦司法部的指责。美国联邦检察官对企业提起刑事诉讼的做法颇受争议，因为起诉安达信给美国政府带来的收益微乎其微，不但应负责任的个人没有被绳之以法，且所判处的 50 万美元罚金也微不足道，然而这种起诉和定罪却给安达信乃至美国经济带来了灾难性的后果——不仅摧毁了安达信一家公司，更为严重的是，此事件导致了数以万计的人失业。

这一典型案例引起了联邦检察官的反思，他们积极寻找处理法人犯罪的第三条道路，这促进了美国刑事审前转处协议的兴起，即对涉案企业判处缴纳巨额罚款的同时，在确定考验期内让其配合调查、实施合规计划、接受合规监督员持续监督审查。可以说，这一做法推动了通过暂缓起诉协议或者不起诉协议的方式解决企业犯罪的刑事合规制度建设，让通过刑事合规推动企业合规成为路径。基于企业合规的重要性，人们不禁要问：究竟什么是企业合规？

1. 企业合规的含义

企业一般由相关的行政主管、监管部门或非营利性机构、行业自律组织，制定一些行业合规标准，这些标准虽然不是国家的强制法律，但对行业内的企业依然有着较强的行为约束力、示范效应、引领力和道德影响力。

那么，到底什么是合规呢？就目前而言，理论界见仁见智，有各种不同的观点。有人认为，合规的"规"主要是指法律方面的规定，属于企业内部的管理制度。多数企业合规部门与法务部门合二为一；也有人认为，合规的"规"的含义层次不同，包括所有的规章制度，要求企业必须遵守适用的法律法规及监管规定，遵守相关标准、合同、有效治理原则或道德准则。反之，企业很可能就会遭受法律制裁、监管处罚、重大财产损失和声誉损失；还有人将企业合规归结为道德问题。综观上述不同观点和实践中的不同做法，对于何为企业合规还需要进行一番探讨。

对于企业合规是什么的问题，首先从合规意义上进行初步的感性认识，这样更有利于实现从具象到本质的认识。其实，合规背后的底层逻辑很简单。合规在英文中的表述是compliance，通常包含三层意思。

（1）企业在运营过程中要遵守法律法规。

（2）企业要遵守商业行为守则和企业伦理规范。

（3）企业要遵守自身制定的规章制度。

简而言之，合规就是守规矩，遵守相关部门制定的规则和要求并按其行事，而企业合规就是企业要守规矩。

这就是企业合规的概念性定义。

2．合规管理的主要内容

合规管理主要包括三项内容：一是各项法律法规、行业规定；二是企业的规章制度，如资本市场对上市公司信息披露和内部控制要求等遵从工作的管理；三是合规企业文化。

就目前而言，合规管理与业务管理、财务管理、法律管理并称企业管理的四大支柱。其中，财务管理主要是告诉企业"做什么""怎样回顾""建立企业短期目标"；合规管理则是从法律角度告诉企业"怎么做""如何前瞻""建立企业的长期目标"；法律管理是从违法视角告诉企业"如何预防""如何应对""如何降低损失"。

对于很多企业来说，只要进行有效的合规管理，企业就能灵活应对不确定性、风险和获得更多的交易机会，保护和提高股东价值，减少预期损失和声誉损失的可能性。

合规管理的主要内容包括：合规管理制度建设、合规咨询、合规审查、合规检查、合规监测、法律法规追踪、合规报告、反洗钱、投诉举报处理、监管配合、信息隔离墙（监视清单与限制清单）、合规文化建设、合规信息系统建设、合规考核、合规问责等。

国际金融组织对合规的定义是从以下两个维度进行解读的。

（1）合规。公司经营活动与法律、管治及内部规则保持一致。

（2）与目标连用。具体指的是必须致力于遵守企业主体所适用的法律法规。

3．合规管理体系的支柱

合规管理体系的支柱主要有三个，即人员、技术和制度，具体分析如表 1-1 所示。

表 1-1　合规管理体系的三大支柱

支　柱	说　明
人员	为了维护合规管理体系，企业不仅要安排具备合规经验的人员对该体系进行设计、运营和维护，还要依据该体系框架对法律、政策、道德等风险进行管理
技术	采用先进的技术工具，合规管理体系的设计和运营才能提高效率，搭建完善的技术平台，方可有效整合各类风险。帮助企业对道德合规风险进行预防和监测，实现事后快速响应
制度	为了确保合规管理体系以合规风险为导向，企业需要制定适当的制度，努力优化业务流程，提高合规管理效率，实现管理成本的降低

4．合规管理体系的要素

与企业经营发展相关联的法律政策、规章制度有很多，因为很多企业决策者对政策法规的理解不全面、不准确，开展经营活动，却不遵守相关法规，最终给企业造成了巨大损失。只有搭建完善的合规管理体系，企业才能合法获得商业许可，使企业在符合各项法规的前提下得到建立与发展。此外，还可以借助对外部政策的认真解读，帮助企业获得相关准入、监管、投资、税收等政策支持，帮助企业解决突发的合规风险事件，促进企业的健康持续发展。

概括起来，与合规管理体系有关的要素主要有如下几个。

（1）设置构架。要想进行合规管理，需要治理层、管理层、合规专业人员的合作，对合规管理进行设计、运行、维护和监督，同时，合理设置组织结构，保证合规体系的独立性和权威性。

（2）风险评估。风险评估是合规管理的基础，只有对企业进行风险评估，企业才能明确合规管理和尽职调查的重点。

（3）标准、政策与程序。合规管理的标准、政策、流程等一定要清晰可执行，要能对企业的关键合规风险进行有效控制。

（4）培训与沟通。为了增强员工的合规意识，提高员工履行合规义务的能力，企业不仅要制定系统的以风险为导向的培训沟通制度，还要将合规要求告知各层级人员。

（5）员工报告。设定员工报告制度，为员工提出合规问题、报告潜在合规事项等提供安全顺畅的渠道，提高合规管理效果。

（6）案件管理与调查。企业要明确各类合规案件的分类、优先级、管理职责和调查程序。

（7）测试与监控。企业要定期对合规管理体系设计的有效性和控制执行的有效性进行测试，同时，对关键合规风险进行长期监控，一旦发现了风险，就要立刻采取相应行动。

（8）第三方合规。企业的合规管理要延伸到第三方合作伙伴的合规管理，要对合作伙伴的关键风险领域进行全流程风险筛查。

（9）持续改进。为了确保合规风险闭环管理，企业要明确合规管理改进政策，定期对合规管理体系的有效性进行评估，将测试监控的成果纳入改进工作。

二、企业为什么要合规

在传统的企业管理系统中，合规部门通常是由董事会、监事会、高级管理层、审计部门等组成，引入合规部门和合规团队，董事会下面就能设置合规委员会的机构，从董事会中选出一名主要成员担任其负责人。在首席执行官下设立首席合规官，打造一个自上而下的合规管理团队。一旦发现公司存在合规风险，合规部门就要主动报告，不仅要向高级管理层进行报告，还要向董事会直接报告。在各项业务运行、财务管理和审计监督等环节，都要接受合规部门的独立审查。简言之，需要搭建一个独立的法律风险防控部门，让其发挥不可替代的作用。那么，在现代企业治理中，合规究竟能发挥什么样的作用呢？

企业设定合规计划的直接目的是避免合规风险的发生。这种风险与传统的业务风险、审计风险和法律风险相比较而言，是企业因自身违法违规经营而导致的一种损失风险，可能引发严重的后果，企业会因此付出巨大的代价。由于企业没有遵循法律法规、监管要求、规则、自律性组织制定的有关准则以及适用于企业自身业务的行为准则，其行为很可能给企业带来法律处罚、监管处罚、重大财务损失或声誉损失等方面的风险。

在企业治理结构中，合规主要的作用体现在以下三个方面。

1. 让企业免受利益损失

合规虽然不能直接帮助企业创造商业价值，但可以帮助企业避免重大的经济损失。从短期效果来看，企业违法违规开展经营活动，例如，贿赂政府官员、采用恶性竞争方法、实施欺诈手段等，虽然会增加企业营业收入，获取暂时的经济利益，但是这种经营活动会破坏企业竞争的公平性，直接导致企业运营成本的大幅增加。如果其他企业普遍采取不正当的手段，甚至可能失去更大的利益。只有建立有效的合规计划，企业才能顺利开展经营活动，打造相对公平的经营环境，获得整体利益保障。

2．避免因违规被定罪判刑或遭受监管处罚

本书开头部分我们曾提到，被美国联邦司法部提起刑事诉讼的"安然"和"安达信"两家企业相继破产，因此而失业的员工多达数万名，甚至还引发了当地经济的严重震荡，很显然，不制订合规计划，企业及高管犯罪行为就有可能发生，一旦被定罪，无辜的员工、股东、投资者、代理商、经销商等的利益就要遭受严重损失，企业的信誉和声望也会大幅下降。对于企业来说，轻则失去交易机会和交易资格，重则失去上市的资格，尤其是情节严重的企业犯罪案件，还会给企业带来震荡，直接导致破产。由此可见，只有建立有效的合规计划，企业才能有效避免这种最坏的情况发生，从而获得长远发展。

3．构建科学合规体系，实现企业自我监督，规避风险

（1）企业强化合规管理，还能科学优化经营管理的各项流程，加强企业内部管理控制，有效预防各类经营管理风险，大幅提高企业的管理水平，最终降低企业的经营管理成本。在企业经营管理实践中，强化合规管理能有效促进企业的依法经营。强化合规管理，企业各项管理制度就能得到贯彻落实，实现对各类经营管理风险的科学预防和有效规避。

（2）企业合规管理也是规范企业员工行为的有效方式。在企业内部管理中，构建科学合理的企业合规管理体系，可以帮助员工养成合规习惯，将违规风险降到最低。此外，构建有效的合规文化，在员工之间普及相关的合规条例，也能帮助员工自觉掌握相关法律规定，避免出现违规操作。合规管理作为规范员工行为的有效手段，通过构建科学合理的企业合规文化以及合规体系，有利于让员工养成合规化的习惯，避免违规风险。

（3）合规管理体系对企业与员工在生产经营过程中可能出现的不当行为进行预防、监督与应对，从而实现体系化与制度化的自我监督与管理的目的，获得激励。当面对行政处罚或承担刑事责任时，合规管理体系可以作为企业无罪抗辩事由或者违法阻却事由，成为企业无罪处理的直接依据，也可以成为减轻处罚的依据。

总之，企业合规体系是增强企业核心竞争力的重要因素。在企业的经营发展中，为了实现企业的稳健发展，有效规避风险，就要采取有效的企业合规管理手段。为了实现长期稳定发展，企业在实际经营管理中，要依照相关的法律法规进行管理，重视合规管理，进一步保障企业的自身利益，所以，在企业管理中，高层管理人员一定要不断健全企业合规管理制度，只要强化合规管理，就能增强企业员工的法治观念和制度意识，保障企业遵循相关法律法规和制度，进行有效的经营管理和正常的安全运营。在企业的经营管理实践中，合规管理的理念渐趋深化，就能大大降低企业的管理运营成本，有效规避各类经营管理风险。

三、我国企业合规的发展现况

我国企业在合规管理方面起步较晚，很多中小企业乃至部分大企业尚未进行合规管理，但是近年来，随着国家层面采取的反腐败措施越来越多，对腐败现象的惩罚力度越来越大，特别是一些企业在国外违规经营的教训，才让"合规化管理"慢慢进入人们的视野。如今，合规管理这个概念已经被很多银行、证券公司、上市公司所熟知。

紧跟全球背景下企业合规的发展规律，我国的合规也经历了这样一个过程，即从具体领域合规到全面合规体系的建设，同时，也包括国内外监管压力，尤其是国外政府的域外管辖。我国业务布局海外的企业在国外违规，也会遭受外国政府和国际组织的调查和处罚。从总体上来说，我国企业的合规体系建造得并不完善，自然也就成了外国政府的执法重点。

无论是局限于反腐败等具体领域的合规，还是局限于金融行业的合规，都无法应对我国不同行业的企业在反腐败、反洗钱、反证券舞弊等各领域可能发生的违规风险，因此，企业需要培育企业合规文化，搭建企业合规组织框架，完善企业合规运行制度和合规保障机制，为不同层级、不同岗位的员工定岗定责，将合规融入企业业务流程，建设全面的合规体系。

企业合规的重要义务来源是法律法规，而法律法规的不完善使得企业行为无法可依，要想治理企业也就无规可合了，因此，企业要想加强合规管理，就需要我国法律体系尤其是围绕企业经营管理的法律法规的逐步完善，这是必要条件，也是一股不可缺少的外驱力。例如，2019年发布的《中华人民共和国外商投资法》取代了旧有的《中华人民共和国中外合资经营企业法》《中华人民共和国中外合作经营企业法》《中华人民共和国外资企业法》，从而进一步完善了我国的企业合规体系标准，为企业建设合规体系提供了明确指导。

1. 金融领域的合规管理法规建设

我国银行业等金融机构的经营活动日益综合化、国际化，业务和产品越来越复杂，合规失效的事件不断出现，银行业等金融机构经营活动的合规性面临严峻挑战，原有的合规管理框架的有效性受到质疑。关于加强商业银行合规风险管理，维护商业银行安全稳健运行的法律法规建设，已迫在眉睫。

（1）2006年，中国银监会发布的《商业银行合规风险管理指引》，旨在引导银行业金融机构加强公司治理、培育合规文化、完善流程管理，提高银行业合规风险管理的有效性，以更好地应对银行业对外开放时遇到的挑战。

（2）2007年，中国保险监督管理委员会发布了《保险公司合规管理指引》。2017年，为了进一步加强保险公司合规管理，中国保监会发布《保险公司合规管理办法》，该办法是对《保险公司合规管理指引》的修订，进一步明确"三道防线"的合规管理框架，要求公司业务部门和分支机构、合规管理部门和合规岗位、内部审计部门共同组成合规管理的"三道防线"，各自履行相应的合规管理职责，并提高了对公司合规部门设置、合规人员配备的要求，同时规定保险公司省级分公司应当设置合规管理部门，对保险公司专职合规人员和兼职合规人员的配备提出了明确要求，进一步提升合规管理的履职保障，完善保险公司合规管理部门职责，建立合规审核机制，强化合规信息系统建设，并增强合规工作独立性，加强合规的外部监督，明确合规监管的原则，完善监管要求，对违反合规监管的行为设置相应的监管措施，并加强保监局对辖区内保险机构合规工作的监管。

（3）2008年，中国证监会发布了《证券公司合规管理试行规定》；2017年，中国证监会发布了《证券公司和证券投资基金管理公司合规管理办法》；2020年，中国证监会修订了《证券公司和证券投资基金管理公司合规管理办法》。

主要修订内容包括：

① 尝试原则导向，对各类业务的规范运营提出八条通用原则。

② 进一步强化全员合规，厘清董事会、高级管理人员、合规负责人等各方合规管理责任。

③ 优化合规管理组织体系，对证券基金经营机构合规系统建设、部门设置、合规人员数量和质量提出基本要求。

④ 强化合规负责人的专业化和职业化水平，并要求提升其专业经验和法律素质。

⑤ 加强合规负责人履职保障，采取措施维护其独立性、权威性、知情权和薪酬待遇。

⑥ 强化监督管理，对证券基金经营机构及其高级管理人员、合规负责人未能有效实施合规管理等违规行为依法追责。

2．国务院部委的企业合规管理法规建设

随着中国经济的快速发展、中国企业的不断壮大，尤其是"一带一路"政策的推进，越来越多的中国企业参与全球市场竞争，但因不同国家、地区有不同的市场环境和竞争规则，特别是中国企业对合规没有足够的重视，导致因不合规而遭受制裁或处罚。因此，中国企业需要加快建立健全合规管理体系。

（1）2014年，国际标准化组织发布了《合规管理体系指南》（ISO 19600）。2017年，国家质量监督检验检疫总局和国家标准化管理委员会联合发布了《合规管理体系　指南》（GB/T 35770—2017）。该指南主要以良好治理、比例原则、透明和可持续性原则为基础，给出了合规管理体系的各项要素以及各类组织建立、实施、评价和改进合规管理体系的指导和建议，能够帮助各类组织降低不合规发生的风险、强化社会责任、实现可持续发展，并且对营造公平竞争的市场环境、推进法治国家建设起到了重要推动作用。

（2）2018年，国资委发布了《中央企业合规管理指引（试行）》，该指引运用企业"大合规"的理念指导和规范企业合规管理。其中，第四条第一款中，将"全面性原则"确立为企业合规管理的第一大原则，要求将合规覆盖到各业务领域、各层级（包括各部门、各级子企业和分支机构）、全体员工以及全流程（包括决策、执行和监督）。该指引对企业的合规管理提出了全面、系统、务实、严格的要求，是企业合规体系建设的重要指南。

（3）2018年，国家发展改革委、外交部、商务部、人民银行、国资委、外汇局、全国工商联七部委联合印发了《企业境外经营合规管理指引》，该指引主要适用于对外贸易、境外投资、对外承包工程等中国境内企业及其境外子公司、分公司、代表机构等，提出企业合规管理应遵守独立性、适用性和全面性三原则，为企业提高境外运营合规水平提供了政策参考和依据。

（4）2022年8月23日，国资委颁布了于10月1日开始施行的《中央企业合规管理办法》，该管理办法共有四十二条，其中第二十九条规定中显示"应当"字样，这些刚性要求体现了国务院国资委推行中央企业合规的决心。该办法就抓好"五个关键"，确保"五个到位"做了具体的规定，即"将首席合规官作为关键人物，全面参与重大决策，确保管理职责到位；把合规审查作为关键环节，加快健全工作机制，确保流程管控到位；聚焦关键领域，扎实做好'三张清单'，确保风险防范到位；将风险排查作为关键举措，坚持查改并举，确保问题整改到位；把强化子企业合规作为关键任务，通过信息化手段加强动态监测，确保要求落实到位"。该管理办法的颁布和实施，必将对提升中央企业合规管理和企业经营高质量发展产生重大影响，也为我国企业的合规管理和监管发挥规范性、示范性、方向性的导向作用。

3．最高检刑事合规试点政策

为落实好习近平总书记关于民营经济发展的重要指示精神，更好地推动民营企业依法、守规经营，检察机关提出鲜明的司法政策，对企业刑事合规进行试点。

自2020年3月以来，最高检在上海浦东、金山，江苏张家港，山东郯城，广东深圳南山、宝安6家基层检察院开展企业合规改革第一期试点工作。试点检察院对民营企业负责人涉经营类犯罪，依法能不捕的不捕，能不诉的不诉，能不判实刑的，提出适用缓刑的量刑建议。同时，探索督促涉案企业合规管理，促进"严管"制度化，防范"厚爱"被滥用，得到了当地党委政府和社会各界的认可和支持，并出台了一系列政策。

（1）2021年出台的《关于开展企业合规改革试点工作方案》明确提到，企业合规改革试点工作指的是检察机关对于办理的涉企刑事案件，在依法做出不批准逮捕、不起诉决定或者根据认罪认罚从宽制度，提出轻缓量刑建议等的同时，针对企业涉嫌具体犯罪，结合办案实际，督促涉案企业做出合规承诺并积极整改落实，促进企业合规守法经营，减少和预防企业犯罪，实现司法办案政治效果、法律效果、社会效果的有机统一。

（2）2021年，最高检、司法部、财政部、生态环境部、国资委、国家税务总局、国家市场监督管理总局、全国工商联、中国国际贸易促进委员会研究制定了《关于建立涉案企业合规第三方监督评估机制的指导意见（试行）》。

（3）2022年，中华全国工商业联合会办公厅、最高检办公厅、司法部办公厅、财政部办公厅、生态环境部办公厅、国资委办公厅、国家税务总局办公厅、国家市场监督管理总局办公厅、中国国际贸易促进委员会联合制定了《涉案企业合规建设、评估和审查办法（试行）》。

4. 企业合规经营积极推进

面对逐步完善的合规法律框架，为了减少不断加大的外部合规压力，众多企业开始重视合规体系建设和诚信经营。在全面合规体系建设方面，央企已经给民营企业树立了标杆，当起了行业的"排头兵"。

2016 年，国资委指定五家央企作为合规管理试点企业，即中国石油天然气集团有限公司（以下简称中石油）、中国移动通信集团有限公司（以下简称中国移动）、招商局集团有限公司、中国东方电气集团有限公司、中国铁路工程集团有限公司。

现以中石油和中国移动为例。

（1）中石油将依法合规作为深化改革、持续发展的中心，提出了自己的观点，即"诚信合规是经营运营的底线和公司发展的基石"；强化了重大事项和重大决策，尤其加强了各项改革举措的合规论证审查；在重点领域进行合规管理，强化了"管业务必须管合规"的机制。

（2）中国移动启动了"合规护航计划"。这一计划不仅确定了目标、原则、举措和实施保障，还对四大方面提出了 20 项具体措施，并发布了《中国移动合规倡议书》，为市场竞争、反商业贿赂、行政执法配合和信息安全等重点领域提供了合规指南。

两年之后的 2018 年，各行业的知名企业也陆续开展合规体系建设，如中国航空工业集团有限公司、国家电力投资集团有限公司、中国中化集团有限公司、中国五矿集团有限公司、中国检验认证（集团）有限公司、华润医药集团有限公司、湖北中烟工业有限责任公司、雷沃重工股份有限公司等。

企业进行合规体系建设，就能对供应商和业务伙伴提出合规要求，尽量与合规管理完善的企业进行合作和交易，如此一来，企业通过合规向业务伙伴的延伸，就能以点连线、由线到面，带动更多的企业加强合规管理，在业界营造出良好的合规风气。从目前合规管理的现状可以预见，在未来一段时间内，随着内外部合规压力的不断传导，会有更多的企业意识到合规体系建设的重要性，从而壮大合规体系建设的队伍。

四、我国企业合规建设任重道远

企业合规是管理意识的充分体现，主要包括业务管理、财务管理、人员管理等方面，而其中最为关键的一点在于，有没有一个好的能够得到良好执行的合规体系，而企业内部规范最典型的当数企业章程，作用相当于企业内部的"宪法"。2015 年 12 月 8 日，国资委在公布的《关于全面推进法治央企建设的意见》中，明确了章程对于企业经营管理的重要性。当然，企业内部规范体系除了企业章程，还有一系列更加具体的规章制度。这样，就需要设定一个专门的纪律或风险管理部门，统筹规划企业的合规管理工作，改善审计财务状况，检查业务开展，并对整改落实情况进行督促。

2019 年春天，某集团子公司（某蜂业有限公司）的经管人员在供应商（某食品科技有限公司）进行生产时，用回收来的蜂蜜为原料生产蜂蜜，在外包装上标注虚假生产日期。该市纪委、监察委经检查后发现，该集团内部管理混乱，对下属企业的监督管控不力，对控股企业存在的生产经营和质量管理问题失察，没有落实企业质量管控制度，最后对该公司进行通报，罚款 1400 多万元，没收 3000 多瓶产品，吊销食品经营生产许可执照，相关负责人 5 年内禁止进入食品行业。

从上面的例子不难看出，我国部分企业还很漠视相关法律法规，根本谈不上合规管理。企业要想免遭处罚，实现平稳运营，立足国内走向海外，实现长期利益，不仅需要逐步完善国内外合规法律框架，还要加大监管力度，二者缺一不可。可是，国内目前只有向总部合规水准看齐的外企合规管理相对比较完善，中国企业基本上还处于起步阶段，刚完成合规体系建设试点工作，多数国企和民企还没有开始进行合规体系建设。

我国企业要想进行合规体系建设，还有很多工作要做，责任重大，主要原因如下。

1. 企业合规意识薄弱，缺少合规文化

目前，我国市场经济和法治环境还不够完善，任何一家企业都无法做到独善其身。现实中，很多企业赚得的第一桶金，多少都存在一定的合规问题，因为很多企业家潜意识里认为，如果所有的事情都合规，那么企业是无法得到发展的。管理层不重视合规，自然就不会建设合规文化，也就不愿意为合规管理投入更多的资源了。

2. 企业的合规组织架构搭建存在问题

很多企业都没有将合规当作单独的一项职能，与法务、审计、风控等混淆不清，更别说单独设立合规管理部门了，与此同时，要想进行合规管理，要害部门需配备足够的人员和资源。

3. 多数企业都没有将合规要求融入业务流程

合规没有成为企业的习惯和日常，即使设立了相应的合规管理部门，该部门也不见得能与其他业务部门分工协作并形成合力。

4．不知道如何做尽职调查和管理

多数中国企业都不知道如何对商业合作伙伴进行尽职调查和管理，如何鼓励和督促商业伙伴合规经营和建立合规体系。

5．国内外规范性文件种类繁多，不断更新

很多企业都没有及时进行梳理，也没有建立完备的制度库。

总之，企业要想建成有效的合规体系，并非一朝一夕就能完成；即使真正建成了，也需要不断地进行维护、运行和更新。

五、合规管理与风控的区别和联系

企业之所以会存在，主要是为了创造价值，如果只谈合规，反而会忽略了企业真正创造价值的经营管理活动，这种做法无异于舍本逐末。那么，为何还要强化企业合规呢？

2018年，"中兴事件"引发了中国企业对"合规"问题的空前关注，国家也因此把企业合规经营提到了前所未有的高度，因此2018年也被称为中国企业合规工作的"元年"。

2018年7月1日，国家质量监督检验检疫总局、国家标准化管理委员会正式发布实施国家标准GB/T 35770—2017《合规管理体系指南》。

2018年11月2日，国务院国资委发布实施《中央企业合规管理指引（试行）》。

2018年12月26日，国家发展改革委等七部门联合制定并发布实

施了《企业境外经营合规管理指引》。

在 2018 年国资委发布的《中央企业合规管理指引（试行）》文件中，中央企业的合规被描述为："中央企业及其员工的经营管理行为符合法律法规、监管规定、行业准则、企业章程、规章制度以及国际条约、规则等要求。"

其中，跟过去有关合规的提法不同的是，把企业章程和规章制度纳入了合规的范畴，对过去的"外规"及"外规内化的内规"做了重要补充，比如，ISO 19600 及最新版的 ISO 37301 合规管理体系中对合规的定义是"履行组织的全部合规义务"。

不过，在文件描述的合规义务示例中，基本上都是跟"外规"相关的内容。

同时，国资委截至目前所发布的四批《企业合规管理系列指南》中，在内容上，也基本上侧重"外规"。但我们在本书中谈到的合规是"大合规"概念，不仅包括以"外规"为主的合规，还包括企业有权自主制定章程、规章制度的合规，而这种内涵的"外延"，也是如今的企业合规、风险管理、内部控制等工作的问题所在。这种外延，将企业对所有规章制度的履行都纳入了合规范畴，而这也是如今我们张口就要"合规"的原因。

此外，ISO 37301 把之前的《合规管理体系指南》变更为《合规管理体系要求及使用指南》，将"合规管理体系"作为一个可认证的标准提出来，必然会促进企业进一步加强合规工作。

1．实现合规是风险管理和内部控制的目标之一

1992 年，发起组织委员会（COSO）发布了迄今为止最有影响力的内部控制框架，框架的目标层共包括三个方面的内容，其一就是合规性，而内部控制被定义为："一个由主体（一般指公司）的董事会、管理层及全体员工实施的，旨在实现运营、报告和合规管理目标而提供合理保证的过程。"

2004 年，COSO 对内部控制框架进行升级，提出了企业风险管理框架，框架要素也由原来的五要素增加为八要素，目标中增加了一个战略目标，而合规目标仍然是其中的一个。

可见，在实施企业风险管理和内部控制工作时，其中的一个目标就是要合理保证企业的合规。也就是说，企业要想实现合规目标，完全可以通过实施企业风险管理和内部控制体系实现。

2．风险管理、内部控制与合规的不同目标

实施企业风险管理的最高目标是支持企业战略和经营目标的实现；实施内部控制的最高目标是找到控制和效率二者之间的最佳平衡点，支持企业高效平衡运转；而合规是在保证企业满足内外部规则的前提下，以不犯规（或犯规后结果可承受）的方式实现企业目标。

合规虽然是企业经营的最低标准，但之所以被提到如此高度，是因为之前的中国企业刚走出野蛮生长的阶段，还没有形成强烈的合规经营概念，很多企业是在"灰色地带"或"不合规"的情况下快速发展起来的。

如今，之所以重视合规管理工作，主要有以下两个重要原因。

（1）国外合规标准或执行力度高于国内。走出国门后，很多企业都

发现，很多事情，自己根本就不能像在国内那样灵活自如地操作。

（2）强化党纪国法的遵从性，国有企业监管从严。最近两年，各条线的监管政策越来越严格、越来越多，这也是进一步推动合规管理工作到达如此高度的一个重要原因。从某种程度上讲，有些企业认为合规是目前监管的最高要求，不合规就是企业目前最大的风险！不求有功，但求无过！但是，企业需要清醒地认识到，企业存在的根本目的并不是合规，因为合规是企业运营的最低标准，而非最高目标。如果企业无法实现自己的价值，那么其他一切都是无源之水。当企业把合规作为最高目标时，最大的合规就是在不犯规的前提下，实现企业既定的经营目标。

3．合规与风险管理、内部控制不属于同一个层面

合规是企业的一个目标体系，是企业经营的基本前提和底线目标，而风险管理、内部控制则是工具和手段，本身并不能构成目标。比如，风险管理工作的目标并不是风险管理，内部控制工作的目标也不是内部控制，它们都要为企业目标服务，保证这些企业目标的实现。不过，考虑到监管要求，实施这些工作可能就会变成目标本身，如果处理不好，那么很多工作到最后都会变成"走形式"。

企业的目标可以分为以下三个层面。

（1）最高目标。即企业的战略目标，是为实现企业的使命、愿景而制定的中长期目标。

（2）经营目标。侧重年度的经营绩效。

（3）运营目标。侧重日常管理运营中各方面、各环节需要实现的具体目标。

合规目标处在经营目标和运营目标的外侧，是边界线目标，是指企业在经营和运营过程中，要符合企业经营和运营的合规要求。而风险管理和内部控制是在实现这些目标过程中使用的管理方法和手段，这种管理方法和手段适用于企业所有层面的目标。

从企业整体层面来看，在合规的基础上，企业通过完成日常的运营目标实现年度经营绩效，支撑企业整体战略目标的实现，就是企业价值创造的全过程。

那么，如何实现这些目标呢？利用风险管理和内部控制，对企业面临的不确定性和确定性进行有效管理，匹配好风险和收益，对控制和效率进行平衡，就能支持企业各个层面目标的实现。

第二章　企业合规管理的基本原则

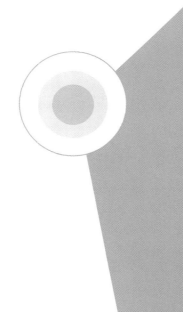

一、合规管理的客观独立性

相信很多人都知道"中兴事件"，我们不妨先来回顾一下。

中兴通讯法务部早在 2011 年就向公司出具了《关于全面整顿和规范公司出口管制相关业务的报告》。该报告详细论述了公司因此可能受到的惩罚，例如：高层管理人员被判刑入狱，公司被列入黑名单后将被禁止直接或间接向美国购买产品，甚至还列举了一些中国公司的违法案例。

遗憾的是，报告中提出的解决方案是避免直接向伊朗客户提供产品和服务的隔断模式。

不难发现，在整个事件中，中兴通讯法务部作为公司的合规部门，完全失去了其应有的独立性和专业性。在公司违规且明知可能产生严重后果的情况下，选择了一条规避美国出口管制的错误路径，导致中兴出口管制风险进一步升级，合规管理完全失控，彻底背离了法务部作为合规部门在公司治理结构中的定位。

2017 年，中兴通讯在与美方签订和解协议后，虽然对合规管理工作进行了升级，但因为中兴通讯法务部在公司层级太低，话语权太弱，合规管理部门缺少向董事会直线汇报的渠道，公司 CEO 或销售部门依然拥有突破管控决策的权力。

合规部门丧失独立性，风险管理流于形式，最终致使风险全面爆发。

那么，何为合规管理的客观独立性呢？严格依照法律法规等规定，对企业和员工行为进行客观评价和处理，合规管理牵头部门独立履行职责，不受其他部门和人员的干涉。这里的独立性主要体现在：客观、独立地对经营管理部门、岗位的日常经营管理行为及其承担的相应合规管理职责，客观独立地进行评价和处理。

对这个独立性，可以从以下两点去理解：一点是合规管理牵头部门独立履行职责不受其他部门、人员的干涉；另一点是合规管理牵头部门必须独立于企业日常经营管理体系。只有做到这两点，才能保证客观独立性，也就是说，只有本部门脱离企业日常经营管理，没有利益冲突，才能承担起客观独立的重任。

1. 合规职能独立性的外在要求

关于合规职能的独立性问题，其实是合规职能是否需要独立汇报路线的问题。合规作为一项公司职能，其独立性之所以受到挑战，是因为执法方面的压力。

合规作为公司治理职能的产生，已有二三十年的历史了，而在中国的发展却仅仅是近十年的事情。合规一开始趋向于被认为是一个有关遵守法律的问题，许多公司把合规设置在法务职能之下，合规负责人向公司总法律顾问汇报，而有的公司则将合规职能设置在财务或审计部门，向首席财务官或审计负责人汇报。

2. 合规职能独立性的内在需要

合规职能独立性的内在需要源于避免利益冲突的要求，这种利益冲突主要来自以下两个方面。

首先，避免合规同法务在不同授权上的冲突。公司对法务和合规两个职能有着不同的任务授权，公司对法务职能的要求是向公司提出建议和保护公司；而合规被赋予的任务是发现和预防违规行为，包括保持合规项目的诚信，保护内部举报人以及在公司推进诚信合规文化。

其次，避免职能监督方面的利益冲突。许多公司将合规职能设置在法务、财务或审计职能中，合规负责人对公司最高管理层和公司董事会没有直接的汇报渠道，公司最高管理层和公司董事会收到的意见和建议都经过了中间环节的过滤，无法实现公司设立合规职能的目的。

3. 确保合规职能独立性的措施

为了实现对企业经营管理活动和财务活动的有效制约，促进企业的合法化和合规性，就要构建相应的合规管理机构，并赋予其较强的独立性。如果条件允许，企业应该适当设置合规委员会、首席合规官、合规部门、合规人员，公司和分公司都要设立分支机构，接受总公司合规部门的垂直管理，即使是小部门，也要配备合规专员。

合规管理机构的主要工作是积极运用独立性较强的问责机制，以及各类风险识别工具，开展合规管理，有效规避企业经营管理的风险。

（1）独立。"独立"是合规管理机构的核心标准。这里的独立，首先体现在汇报路径的独立上。合规管理机构的汇报路线通常是垂直的，即下级合规管理机构向上级合规管理机构负责，合规管理机构向合规委员会负责，合规管理委员会则直接对董事会负责，汇报路径是垂直的，不会受到其他部门的辖制。

（2）权力。独立的管理机构还需要具备充足的权力。从政策制定、流程执行到合规调查、执纪问责及整改，从本质上说，都是"管人"和

"管事"，如果权威性不够，合规工作就无法顺利开展，因此，为了顺利地对公司内部管理造成影响、完成公司内部调查任务，继而有效推进整改，合规机构就需要具备充足的权力和较高的地位。此外，为了减少来自其他部门的限制，保证高质量完成工作，还需要配备或调动充足的资源，包括人员、经费和设备等。

企业有无合规部门，合规部门是否独立，不同的企业有着巨大的不同。比如，有的企业设有合规部门，有的企业还没有设立合规部门。有的企业虽然设置了合规部门，但没有真正做到独立。缺少真正独立的合规部门，企业的未来发展就存在巨大的潜在风险。

二、合规管理涵盖的广泛性

只要是有人有业务的地方，就需要合规管理。所以必须将合规融入业务，因为公司管理往往是以业务为主导的，仅靠法务人员做合规，根本无法取得理想的效果。

合规要解决的是企业成百上千人的问题，而不仅仅是法律部门几十个人的问题。中国企业目前面临的大难题，首先就是能力问题，即如何解决融入世界体系的问题；其次是未来我们不仅要应对企业之间的斗争，还要面对公共资源的斗争。

一言以蔽之，合规是业务，合规要全覆盖！

合规管理涵盖的内容非常广泛，包括了企业经营管理全过程的方方面面。为了便于理解合规管理的全面性及与企业其他风险管理职能之间的联系与区别，现举例说明如下。

某企业的章程或董事会规则规定，一定金额以上的交易合同必须经董事会批准才能签署，但经营管理层未经董事会批准，便以公司名义对外签署了相关合同。从法律风险管控角度看，只要该合同内容和形式都符合合同相关法律的规定，合同双方均无权以一方未履行内部管理规定为由，主张合同无效。但从合规管理角度看，存在明显的违规行为，需要采取相应追责措施。

反过来，该合同即使履行了董事会的批准手续，但在合同内容或形式上也存有瑕疵，可能会给公司造成损失，该行为就会产生法律风险。根据合规定义，法律风险是合规风险中的一类，所以该行为已经触发合规风险。

可见，合规管理具有基础性、总括性的特点，与法律风险管理是包含与被包含的关系，有合规风险不一定有法律风险，但有法律风险必定发生合规风险。

三、合规管理的责权清晰性

在实践中，合规管理工作面临着极大的挑战。作为企业的成本中心，合规部门并不能为企业创造经济效益，反而会因为开展合规工作而给企业增加额外的运营成本。日常工作中，合规部门的工作人员经常被看作"拦路者"或"麻烦制造者"，因而在某种层面上，合规工作的价值也往往体现为"没有消息就是好消息"，即企业运营中无重大合规风险事件发生，这本身就是无数合规工作和支持合规工作的人员所努力的结果。

从合规工作人员自身说，只有明确合规工作给企业带来的价值以及合规工作的权力来源，才能进一步推广合规文化，执行合规政策。

1. 董事会及有关专门委员会会议

按照有关规定和管理实践，通常证券公司的专门委员会至少应有风险管理委员会、薪酬委员会、审计委员会、战略委员会。笔者认为，提交专门委员会的事项多数属于重大事项，都跟合规有一定的关系，如表 2-1 所示。

表 2-1 证券公司的专门委员会组织构成

组　　织	说　　明
风险管理委员会	主要对合规报告、风控报告等进行审议
薪酬委员会	合规是否有效，得跟薪酬分配结合起来
审计委员会	是合规、风控、审计等内控的源头，合规检查和内控审计难分难舍，聘请哪家机构，发现哪些内控问题，都与公司合规工作相关
战略委员会	对未来的规划、发展方向的确定，都离不开合规的预判

但在实践中，多数合规总监只参加风险管理委员会，且多以汇报的角色出现，不会参与其他会议。

2. 监事会会议

中国公司的治理架构综合了多种国外经验，既有独立董事又有监事会；既有纪检监督也有工会代表；既有稽核审计也有合规风控。按照《中华人民共和国公司法》，监事会承担的职责主要有：检查公司财务；对董事、高级管理人员执行职务的行为进行监督，对违反法律、行政法规、公司章程或股东决议的董事、高级管理人员提出解任的建议；依法对董事、高级管理人员提起诉讼（费用由公司承担）。合规总监参加监事会不仅必要而且重要。监事会在中国公司的工作内容相对简单，一般一年内只开展两三次工作。

3. 总经理办公会

以券商公司为例，券商业务具有复杂性和综合性的特点。在正常情况下，券商总经理办公会是一个公司研究重大事项决策、重要项目安排、大额资金使用最常见的会议形式，高管们集思广益，集体决策，集体承担责任。通常，总经理办公会的召开频率不应多于两周一次。

4. 与经营管理层有关的委员会会议

常见的有经纪（零售）业务、投资银行业务、自营业务、资产管理业务或类似的委员会会议。以经纪（零售）业务为例，可能会对网点新设、网上导流、渠道营销等进行研究决策。会议频率一般不会少于每月一次。

5. 各类经营管理专题会议

这类会议有很多，如投行的发行配售会议、资管项目审核、质押回购业务项目评估、PE 投资（private equity，即私募股权投资）项目审核等。

6. 有助于合规总监履行职责的其他会议

对合规总监来说，最大的会议是监管部门安排的正式约谈、非正式约谈、各种培训等。

四、合规管理的务实高效性

合规是人们有了共同的价值取向后，培养出的行为与行动自觉，在社会层面有一定的基础，社会也是在合规下运行发展的。要想让组织具有生命力，既然有了合规运行的先导，就需要培养处事合规的自觉之人，因此也就有了合规文化的沉淀。

企业的合规文化建立在健全和完善的制度管理体系之上。对有章可循或虽有规章，但已落后于当下发展和实际管理需要的，应从人性化管理的角度挖掘，及时修订完善，改变和引导成员的心智模式，引导他们积极主动地合规。

在日常业务中，企业要实行全面风险管理战略，在经营过程中，采取严格的风险防范措施，严守风控红线和底线。对全员及时传达最新的监管要求，将风险控制理念渗透给每一名员工，以各种形式开展合规教育，让合规理念深入人心，倡导务实高效的风险管理文化。

要充分发挥企业党委（党组）领导作用，把党的领导贯穿于合规管理全过程，将合规要求嵌入经营管理各领域各环节，落实到各单位、各部门和全体员工。

要明确业务及职能部门、合规管理部门和监督部门在合规管理中的职责，将员工合规责任落到实处。

要确保合规管理体系建设符合企业实际，突出对重点领域、关键环节和重要人员的管理，并充分利用大数据等信息化手段提高管理效能，满足企业合规管理建设强化阶段的实际需要。具体来说有以下四个方面。

1. 坚持目标引领和风险导向

合规体系必须以企业战略、经营目标为引领，对影响目标实现的内外部合规风险要素进行识别，对风险防控短板进行评估，有针对性地建立健全合规管理体系，发挥合规管理对企业战略、经营目标落地的支撑和保障作用。

2．确保管控、组织与职责匹配

合规管理体系的管控模式、组织体系、职责分工应当清晰且匹配，确保合规管理主体明晰，要将企业、部门、岗位、人员等不同层面的合规管理责任落实到位，为合规管理创造良好的环境氛围。

3．注重外规内化、内规优化

企业开展合规管理建设的过程，其实就是"外规内化、内规优化"的过程，因此，不仅要关注外部法规政策转化为内部规章制度的及时性、完整性和准确性，还要优化企业规章制度的适用性、对风险控制的有效性及可执行性。

4．加强流程、表单的梳理与优化

流程和表单是对合规管理制度的细化和补充，是企业日常开展业务和合规管理的工具。企业进行合规管理建设，要注重识别业务过程风险，平衡风险防控和管理效率，全面优化业务流程和表单，绝不能为了建体系而建体系。

第三章　企业合规管理体系要点

一、合规管理组织机构

1. 搭建合规管理组织架构的重要性

在合规体系建设中，企业的一个重要工作内容就是搭建完善的合规管理架构，协调管理职能和资源配置，强化合规职责及其组织领导。只有在企业的部门、角色、职能、定位等方面满足合规工作要求，部门间的汇报路径与协作机制顺畅后，企业的合规工作才能顺利开展。

（1）建立完善的合规管理组织架构是开展合规工作的前提。合规管理工作一定要自上而下进行，管理组织架构贯穿于机构、人员和流程。企业机构和成员都承载着合规职责，只有构建科学的组织架构，才能更好地明确不同层级部门的管理职责和汇报路径，确保企业合规管理体系的高效运行。

（2）完善的合规管理架构是合规工作顺利开展的保障。合规管理是企业的重要内控机制，需要不同部门协同运作。企业只有建立了完善的合规管理组织架构，才能使合规、风控、审计、法务、业务等部门充分发挥优势，形成管理合力，将合规管理各项工作落实到位。

（3）搭建完善的合规管理架构，是建立长效合规机制的内在需要。企业合规体系的建设并不是一朝一夕就能够完成的，需要经过长时间的巩固和完善。只有树立合规理念，设置合规机构，明确合规角色和责任，才能保障合规管理工作的稳步推进。

2. 搭建合规管理组织架构的基本原则

合规组织架构搭建的核心是解决合规管理工作的权力配置问题，

其根本目的是保证股东和董事能准确了解企业的合规情况，发现并纠正企业内部的合规风险及违规现象，保障企业价值观、目标和战略的顺利实现。

通常，企业内部设立合规管理机构应遵循以下三个原则。

（1）独立性原则。"独立"是合规管理机构的核心标准，具体内容如下。

① 独立的汇报路径。前文提到，合规管理机构的汇报路径通常是垂直的，即下级合规管理机构对上级合规管理机构负责，合规管理机构对合规委员会负责，合规委员会再直接对董事会负责，相关汇报是垂直上报的，不受其他部门的辖制。

② 充足的权力。从政策制定、流程执行到合规调查、执纪问责及整改，其本质都是"管人""管事"，如果权威性不够，就无法开展合规工作，因此，合规机构需要有充足的权力和较高的地位，能对企业内部管理、顺利完成内部调查任务、有效推进整改等产生有效的影响。

③ 配备或能够调动充足的资源。包括人员、经费、设备等硬件条件，要保证其不会因此受制于其他部门，或使工作无法保质保量完成。

（2）专业性原则。合规的专业性主要体现在法律方面，主要表现如下。

① 合规的主要义务来源就是法律法规和行业规范要求。因为合规部门只有具备专业的法律能力，才能准确地把握法律法规要求，正确执行法律法规要求。

② 企业的合规体系建设要具有较强的法律性。企业的合规制度搭建相当于企业的"内部立法"，需要将外部制度要求内化为企业制度，

因此，需要一定的"立法经验"。

（3）适当性原则。合规组织架构的搭建要与企业的实际需求相符合，太过繁杂，会造成额外的经营成本，而过于简单，就达不到防控风险的目的。具体来说，适当性原则主要体现在以下两个方面。

① 企业的合规管理架构要与经营模式保持一致。比如，全球化运营的企业，特别是业务可能涉及国际制裁和贸易出口管制的企业，要设置专门的制裁清单审查岗位；中央企业和国有企业可以依照国资委相关指引搭建合规体系；打算加入国际行业组织的企业，则要遵守国际通行的要求。

② 企业的合规管理机构要与风险防控需求相适应。规模较大、合规风险比较复杂的企业，需要在决策层、管理层、执行层等搭建完善的合规管理体系，并需要在重点领域设立专职合规联络人员。如果企业规模较小，合规风险较低，那么可以由法务、审计、风险管控等部门履行合规管理职责。

3. 搭建合规管理组织架构的具体实践

（1）决策层。包括董事会、监事会以及合规管理委员会。

① 董事会。董事会是股东会的执行机关，对股东负有受信义务。受信义务可以分为忠实义务和注意义务两个方面，前者是指董事要以股东利益最大化为行动的出发点，努力避免利益冲突；后者主要指董事要审慎经营并进行良好的商业判断。落实到合规方面，董事的受信义务意味着要尽最大努力确保企业以合法、合规的方式运营，这也是董事会在合规管理中的责任来源。另外，合规管理的重要条件就是最高层的重

视，如果缺乏最高层的明确指引，那么企业和员工就会对合规认识不足，因此，董事会作为企业的决策层，对于发出合规的"正确声音"尤为重要。

董事会在合规管理中的职责主要体现在战略制定、人事任免和重大决策等方面，承担的合规职能包括但不限于：批准企业合规管理战略规划、基本制度和年度报告；决定合规管理牵头部门的设置和职能；研究决定跟合规管理有关的重大事项；决定合规管理负责人的任免；按照权限决定违规人员的处理；推动完善合规管理体系。

② 监事会。监事会是企业的内部监督机构，主要作用是防止董事会、管理层滥用职权，损害企业和股东利益。

监事会的合规管理职能并不突出，主要对董事会和高级管理层的合规管理职责履行情况进行监督。企业监事会的合规管理职能通常包括：对引发重大合规风险负有主要责任的董事、高级管理人员提出罢免建议；监督董事和高级管理人员合规管理职责履行情况；向董事会提出撤换企业合规管理负责人的建议；监督董事会的决策与流程是否合规。

③ 合规管理委员会。在国际实践中，通常在董事会中设立合规管理委员会，成员由具备法律、财务、人事管理背景的董事组成。

实践中，企业的合规管理委员会可能以审计与风险管理委员会（如中石油）、风险管理部（招商局集团）、伦理委员会、职业操守委员会等形式出现。如果企业没有设立董事会，合规委员会也可以由执行董事牵头或企业负责人牵头，并由法律、财务、人事管理方面的最高管理层人员组成。但无论采取何种形式，都是企业合规管理体系的最高负责机构，主要负责企业合规管理的总体部署、体系建设和组织实施。

作为企业合规管理的最高责任机构，合规委员会的职责在实践中进一步包括如下内容：确保企业的内部制度和合规体系能够准确、有效地反映企业经营符合相关法律法规的要求，能够对相关的合规风险形成有效管控。企业的相关合规风险通常包括劳动用工、商业贿赂与腐败、数据保护、环境保护、安全生产等；对企业合规官的任命、替换和解雇进行审查；对企业重大合规政策、合规工作内容、合规流程和管理层的反馈进行审查；对合规关于刑事风险或潜在刑事风险的报告进行审查；对合规管理部门的组织架构、工作计划、财务预算、人员配置和权责履行情况进行管控，保持其独立性、权威性和汇报路径畅通；对企业、企业董事、高管、员工或企业雇佣的外部机构开展的重大内外部合规调查进行管控。

（2）管理层。管理层主要包括以 CEO/ 总经理为首的企业高级管理团队和首席合规官 / 合规负责人。在合规管理体系架构中，管理层主要发挥着承前启后的作用：决策层主要负责重大事项决策，通过监督对合规管理体系进行有效控制；执行层则具体从事中间环节的组织架构搭建、战略规划制定、合规制度批准、合规决策意见征集。同时，管理层还要就合规工作向决策层负责，受决策层监督。

① 经理层。经理层的合规职责主要包括：根据董事会的决定，建立健全合规管理组织架构；批准合规管理计划；批准合规管理制度的制定，并采取相应措施，确保合规管理制度得到有效执行；明确合规管理流程，确保合规要求融入业务领域；制止并纠正不合规的经营行为，按

照权限对违规人员进行责任追究或提出处理建议；经董事会授权的其他事项。

②　首席合规官／合规负责人。建立了全面合规管理体系的企业，通常会任命首席合规官。首席合规官是企业的合规负责人，主要负责企业合规管理工作的具体实施和日常监督。在实践中，最常见的几种首席合规官的任命方式有：企业任命总法律顾问兼任首席合规官；企业任命独立的首席合规官，但须向总法律顾问报告；企业任命独立的首席合规官，但须直接向 CEO 和董事会报告。其实，企业是否任命专人担任合规负责人，并没有特定规定。

二、健全合规管理制度

所谓企业合规制度，就是企业在规定员工行为时需要依照的准则。该准则对外以法律及条例规定的形式呈现，对内则通过政策、程序及控制等形式实施，为企业自己的行为负责。遵守职业道德、遵纪守法是企业成功的重要因素之一，与创新动力、技术能力、质量标准和以客户为中心等方面的原则有同等重要的地位。

实践中，关于合规管理制度体系的内涵其实更为广泛。不仅包括书面的合规管理基本制度、具体制度等，还包括合规管理体系建设方案、合规手册、合规风险应对预案、合规管理年度报告等书面文件，甚至还包括书面的合规风险清单、合规岗位职责文件等。

简言之，凡是以企业规章制度、工作报告、工作表单等形式体现的合规相关文件，都应属于合规管理制度体系。其核心价值点在于，为企业合规管理实践建立合规行为标准，规定合规管理职责和问责标准，明确合规管理实施要求。

对于处于合规管理强化建设阶段的企业，目前最关键的合规管理实践工作应当是编制一套符合企业实际、覆盖企业各项具体业务和领域的合规管理系列制度。

在实践中，很多企业之所以会使合规管理制度体系与合规风险评估脱节，是因为其在编制合规管理系列制度时，都是为了制定制度而制定制度，没有将风险或问题联系起来。

企业间的具体情况差异较大，每家企业的合规方案及合规制度都是不同的。依据《中央企业合规管理指引（试行）》《企业境外经营合规管理指引》，合规方案及合规制度应当包含合规风险预防制度，合规风险识别、评估与处置制度以及合规评审与改进制度。

1．搭建体系的合规管理组织架构

为了搭建体系的合规管理组织架构，可以从以下三个层面对其进行设计和组织。

（1）最高负责机构。可以在董事会中设置合规委员会，制定合规管理的目标、方针和政策，统领企业合规管理工作。

（2）协调机构。在合规委员会下面设立合规管理协调工作小组，职责是对法律、审计、财务、人力资源等部门做好协调，确保企业内部资源的协同。

（3）日常工作机构，即合规管理部。企业可以任命董事会成员之一担任合规管理部的负责人，即首席合规官，由他全面负责合规管理工作。

2．持续运行合规管理机制

要想让合规管理制度成功落地，就要把政策和制度上的规定变为可执行的流程，把纸面上的流程变为业务中的可操作流程。

合规管理实施机制主要包括培训、考核、举报和调查，以及合规调查等，如表 3-1 所示。

表 3-1　合规管理实施机制说明

内　　容	说　　明
培训	通过培训，员工就能了解和熟悉政策、制度及流程。不过，培训内容应与员工角色和职责涉及的合规风险和任务相符合
考核	管理中缺少了考核是无法产生理想结果的。合规考核的内容主要包括：按时完成合规培训、严格执行合规政策、有无任何违反合规的行为、支持合规部门的工作、及时汇报违规行为等
举报和调查	举报和调查是合规管理体系中比较独特的要求。为了让违规员工悬崖勒马，具体的举报程序安排就要根据企业的实际情况进行设置，保护举报员工的安全
合规调查	合规调查要注意本身的合法问题，调查者最好熟知相关法律法规和内部规定，更要知道过去发生的相似案例

3．完善合规管理制度

制定合规管理制度，就能将企业合规风险控制在一个合理的范围内，但也不能盲目制定太过严苛的管控标准，否则容易使员工对合规管理产生抵触情绪。

合规管理制度一般包括合规行为准则、制度规范、合规专项管理办法、合规管理流程、合规管理表单。合规管理制度及相应的处罚制度以书面形式记载管理层和员工的合规职责，是企业施行合规管理的驱动力。要想制定有效的合规管理制度，使其不流于形式，就要将其融入企业的日常经营管理活动。

4.进行合规处理和持续改进

员工违规行为一旦被证实，企业必须立刻做出处理。处理员工违规行为的方式反映了企业是否严肃对待合规，是验证企业合规管理体系是否落地的最佳方式。一旦出现了不合规行为，就要及时处理，查明违规行为的根源，重新审查、改进合规管理体系，实现持续改进。如果类似违规行为发生多次，那么就说明合规管控环节没有起到应有的效果，只有及时和正确地做出反馈，才能使合规管理行为形成闭环。

三、企业合规管理流程

合规管理流程体系是指用于合规风险管控的各类管理机制和管理做法。这种管控流程主要可分为两类：一类是独立的流程，如合规调查、合规管理体系有效性评价、违规行为追责问责机制等；另一类是嵌入业务流程的非独立流程，如合规审查、合规风险预警、合规报告机制等。

在具体实践中，企业对于嵌入业务流程的合规管控流程越来越重视，主要原因在于合规风险都是在企业的业务流程中产生的，所以只有控制风险的来源，才能真正遏制风险的发生。

制度与流程的关系比较复杂，甚至难以区分。有时制度中可能包括流程的执行，有时流程中又需要制度的阐明，因此，在具体实践中，对于制度与流程，并不需要严格区分，关键是如何更好地发挥两种体系的不同价值。

合规管理流程体系的作用一方面在于保障重要的合规管理制度得

以实施；另一方面，则是在缺乏合规管理制度的场合下，以特定的操作流程（信息系统），直接实现合规管理体系内的合规要求。具体流程如下。

第一步，现状评估与合规实施方案拟定。

企业合规管理体系建设虽然都是从零开始的，但基于管理的连贯性，企业合规管理体系构建都是在已有合规管控措施的基础上进行的，之前进行的内部控制建设、全面风险管理建设、法务管理建设等工作内容，往往已经包含了合规管理的一些元素，不过，合规管理体系是一个体系性工作，并不止于之前的法务或内控等工作。

第二步，业务流程梳理与合规义务识别。

对业务流程进行梳理是管理工作精细化的前提，包括流程重组或优化、专项管理体系建设等。如果企业的业务形式简单，业务链条短，完全可以简化这一步的业务流程，可以按部门对业务进行简单拆解，我们称为模块化。比如营销部门，可进一步分为营销方案制定、营销模式、市场宣传、合作营销等模块。而合作营销，又可以分为合作模式、合作协议、款项回收等二级模块。这些工作，可以同时作为合规风险评估工作的对象。

第三步，合规风险评估。

运用类似"合规风险评估清单"这样的表单工具，合规人员就可以收集到初步的合规风险描述集合，之后通过风险识别、风险分析与风险评价，对风险进行描述、归类、分析和排序，得到合规风险矩阵。

第四步，合规组织与职责设置。

从合规工作内容来看，合规组织一共需要三种人员。

（1）企业高管。他们的主要工作是支持和批准合规工作。

（2）合规专员。作为专业的合规知识拥有者，他们是合规体系建设的牵头及推动人员。

（3）业务人员。他们是不合规行为的始作俑者，也是合规要求的遵守者，还是合规责任的承担者。

对这三种人员的组织与职责设计是本步骤的核心。

第五步，合规管理办法制定。

合规管理办法一般包括一个总则和多个实施细则，整体上是面向全体员工的，讲述合规是如何与每位员工相关的，而每位员工又该如何配合企业的合规要求。总则是企业合规管理体系的纲领性文件，部分企业将其称为"合规宪章"。合规审查是合规管理办法中的一项具体工作，也是合规运行机制的一种，通过这一步骤，可输出十多个合规管理办法或细则，合称为"合规制度库"。

第六步，业务合规操作指引制定。

业务合规操作指引的内容比较广泛，既可以业务部门的合规要求为线索（如建立采购部门合规管理指引、研发部门合规管理指引、投资部门合规管理指引等），也可以法律法规上的部门法为线索（如数据合规指引、环境保护合规指引、出口管制合规指引等）。经由该步骤，可形成十多个业务合规操作指引，合称为"合规指引库"。

第七步，员工合规行为准则编制。

为了进一步明确企业中各部门、各员工的合规要求，有针对性地告诉员工哪些可为，哪些不可为，必要时还需要编制员工合规行为准则。

员工合规行为准则在形式上可以分为如下三个部分。

（1）用于对外宣传的整体行为准则。从企业角度看，它是一种全体员工的合规宣言。

（2）用于内部遵照执行的合规行为提示点。可以用类似"合规卡片"的方式予以体现。

（3）员工为响应合规要求而做出的合规承诺条款，都是员工被动或主动提出的、针对其具体行为的合规要求。

第八步，合规运行机制设计。

在设计阶段，合规机制分为事前、事中、事后三类。这三类运行机制与合规管理的三道防线正好吻合。

（1）事前的机制。包括合规风险预警机制设计、合规风险例会机制设计、合规清单审查对照机制设计等。

（2）事中的机制。包括合规检查机制设计、合规考核机制设计等。

（3）事后的机制。包括合规举报热线、合规调查机制设计等。

以上三类运行机制未来落地执行的方式均包括机制的书面规定、机制本身的过程操作等活动，设计时要考虑其可行性和成本效益等。

第九步，合规管理手册编制。

合规管理手册是一个文件汇编，在内容上，可以包括所有的可用作书面表示的合规职责、合规行为准则、合规管理办法及其实施细则、业务合规指引及专项合规指引、合规举报与调查、合规培训与合规文化等。在各类合规管理指南或标准里，虽然并没有要求企业必须编制合规管理手册，但作为对内部控制手册的模仿，合规管理手册还是较为实用的，所以企业要足够重视。

四、合规管理的宣贯

宣贯是从企业合规管理的实务角度来说的，基本上可以对应合规文化、合规培训、合规意识强化等内容。合规文化对于合规管理建设的作用极其重要，但如何形成合规文化，则是企业需要面对的一个挑战，仅靠意识层面的强调还远远不够。合规文化更多的是合规管理体系建设的结果，而非前提，关键是形成和执行一套有效的宣贯体系。

1. 企业合规管理的宣贯

先看两个例子。

案例1：

北京首农食品集团强化合规管理，确立了以食品安全为底线和"诚信合规，食安天下"的合规愿景，将诚信合规文化融入集团合规文化，提升了全集团员工的合规经营意识。

案例2：

北京金隅集团在强化合规管理的同时，将合规经营要求融入内控体系，增强内控体系的刚性约束，深化合规体系的落地实施。

宣贯体系是基于企业日常经营管理的真实场景，将"主动遵守和符合合规要求"的想法灌输到每一位员工的头脑之中，其难度当然很大，但其效果也相当显著。

宣贯体系是合规文化、合规培训、合规宣传等工作落地的工具，根本要求是"自上而下"。只有最高管理者和管理层亲自参与合规宣贯，才能使宣贯体系真正落地，才能形成合规文化，而这也是合规管理建设实践中的又一个难点，考验了合规管理牵头部门的智慧。

（1）外部专家培训。优化后的管理体制只能由企业自行实施，帮助企业完成合规管理项目的外部专家无法越俎代庖，他们更适合对设计理念、操作方法做宣贯、培训。

（2）企业内部培训。企业对员工在制度、流程、文本等方面进行培训是提高执行能力的首要工作，让员工知其然并知其所以然。

要针对企业高管、职工进行合规管理制度体系的宣贯，可以通过培训、案例、实战等多种载体，让合规管理理念入脑、入心，形成统一的合规意识和自觉行动。同时，还要加强专业合规队伍建设，用专业精神打造企业合规管理制度体系和考核体系，确保合规管理自身的科学性和持续性，杜绝制度和流程"朝令夕改"。

2．加强企业合规文化建设

企业文化是企业发展的重要动力和精神支撑，作为市场经济的重要主体，企业要牢固树立依法治企理念，培育以法治文化为基石的企业文化。

培育企业合规文化不仅是企业自己的事，还需要政府部门、行业协会、媒体舆论等的共同努力，推动企业承担合规管理责任，使诚信合规经营成为现代企业文化和价值观念的核心组成部分。

合规文化是企业合规软实力的体现。在构建合规制度的同时，还要培养合规文化，营造良好的合规氛围。通过合规宣传、培训、模范的榜样与示范教育等多种方式，将合规的观念和意识渗透到员工血液中，形成大众性的合规文化。比如，深入业务一线，通过长效性的合规文化宣讲、专题性活动、知识竞赛、案例学习等方式，使一线员工了解合规的重要性，消除抵触心理，对各项业务合规进行绩效考核和排名，使其与员工的业绩紧密联系起来，从而提高关注度。

企业文化是在企业中形成的企业宗旨、精神、价值观和理念等，由管理层倡导并为全体员工所认同和遵守。跟其他管理手段比起来，设定了合规文化的企业，成长能力更持续，社会影响更广泛。

如今，合规已经成为众多跨国企业普遍的核心价值观。企业要想持续开展合规管理，包括启动和推行合规管理，就要塑造合规文化，包括全员合规、合规可创造价值、合规需要高层认可和推动等内容。要想发展合规文化，企业高层和合规管理部门就要在企业各个层面推行一套公开发布的共同行为准则，始终如一地进行。

结合企业的发展历程来看，合规文化并不是一朝一夕形成的，而是在长期发展进程中潜移默化形成的，需要企业管理人员与全体员工的共同配合，这有利于推动企业合规文化的建设。为了推动企业合规文化建设的发展，可以从以下几个方面进行。

（1）管理者要认真听取底层员工的建议，融合管理者的管理意图，制定出一套企业全员认同的企业合规文化；同时，将其融入企业核心文化中，让合规文化逐渐发展成企业文化中重要的组成部分。

（2）企业要利用有效媒介对合规文化和理念进行大力宣传，将合规文化的价值观念潜移默化地移植到员工思维中，打造良好的合规文化氛围。

（3）制定健全的合规管理体制，将合规文化的形式进行统一，进一步固化其内涵和延伸时效。

（4）在企业内部进行员工培训和引导，化解员工对合规文化的不满情绪，避免员工对合规管理产生抵触情绪。

（5）在并购企业时，要将合规文化进一步延伸到新并购的企业内，使新并购的企业能够认同和遵守原有企业的合规文化，并始终将一致的合规文化贯穿于企业管理活动中。

五、合规管理评价监督

1．合规管理中的评价

评价体系的内涵相当广泛，不仅包括来自企业内部和企业外部的评价，还包括肯定或客观立场的考核评价以及对出现违规行为的追责问责。

（1）来自内部的评价。主要指合规管理体系有效性评价、重点业务合规管理情况的专项评价、所属单位合规考核评价。这类内部评价结果主要用于提升合规管理体系的效能，指出合规管理建设的问题，包括奖励合规管理工作绩效优秀的个人或部门。

（2）来自外部的评价。主要指国资委对合规管理体系建设情况及其有效性进行的考核评价以及国资委对违规行为的监督问责。当然，外部评价也可包括第三方机构对企业合规管理体系建设的肯定或否定，例如标准化组织颁发合规管理体系认证证书，检察机关给出涉案企业合规整改通知书，等等。

2．合规管理中的监督

从可持续发展的角度看，企业的合规经营必须实现内部控制和外部监管的有效结合。要实现这一目标，一方面要加强信息披露，提高透明度，利用社会力量监督企业经营；另一方面要加强现场检查和非现场监管，进一步促进自律。在履行检查和自律职能时，企业内各部门的职责分工要明确，密切配合，形成合力。具体体现为：由监察部门负责牵头的组织对违纪违规问题和案件线索的核查处理；业务部门负责落实经营机构操作风险检查、客户业务专项检查以及本部门负责的各项业务整改措施，加强系统梳理和完善；人事部门负责检查重要岗位人员交流轮岗情况，落实"强制休假"制度。

（1）建立和落实合规管理定期评估机制和重大违规行为报告制度。对于重大、突发性的合规事件，不报或迟报、谎报、瞒报、漏报的，将根据相关情节、恶劣影响程度等进行严肃处理，并按照国家的有关规定办理。责任人积极举报违规行为，或者减少潜在风险的，可以酌情减轻或者免除处罚。

（2）建立合规问责制度，落实合规责任。对合规工作做得好或者对举报、抵制违规行为有贡献的，应当予以保护、表彰或者奖励。加大对违规行为的处罚力度，提高违规成本，对存在或隐瞒违规行为，造成资金损失的，应严格追究各级管理人员的责任。

（3）建立督察员再监督制度。各级管理人员、合规部门人员、监管人员未能及时发现日常合规风险管理工作中的问题，处罚未到位，未提出整改意见的，都要追究连带责任，一律严惩。

第四章 企业合规管理框架要点

一、合规控制环境

控制环境是一套标准、流程和结构，能够为企业实施内部控制提供基础。其主要包括组织的诚信和道德价值观；促成董事会行使治理监督职责的各种要素；组织结构以及权力与责任的分配；吸引、培养和留用人才的程序；用以实现绩效问责的严密的绩效衡量、激励和奖励机制等。企业只有有效控制环境，当面临内外部不确定性时，才能具有较强的应变能力。

1. 建造适宜的合规控制环境

企业要从合规管理的角度，将已有的内控、内审、法律风险管理、纪检监察部门的工作职能有效整合起来，明确合规监督机制，设置独立的合规管理组织体系。在日常经营中，主动对合规风险进行识别评估，严格惩戒违规行为，避免违规事件的发生，同时，要持续修订和完善相关管理制度和管控流程。

企业要想建立真正行之有效的适宜合规管理的合规控制环境，降低企业经营中的合规风险，首先要从以下几个方面入手。

（1）管理者树立正确的合规意识。无论是国有企业、外资企业还是民营企业，企业领导首先要树立强大的合规意识。如果领导人本身就不重视合规，或仅把合规当作装点门面的东西，即使制定再多的合规制度，那也是摆设，根本发挥不了任何作用。企业领导的合规意识并不是天生的，需要接受合规风险的提醒和培训，因此，设立合规部门和合规官尤为必要。

（2）设立合规部门并配备合规官。企业设置了合规部和合规官，就可以系统化地采取以下措施：起草制定比较完善的合规制度和内控流程，定期举行员工合规培训，定期出具本企业合规风险报告，在重大项目上提醒企业领导相关的风险，及时对员工的违规行为进行调查。企业如果缺少合规部和合规官，即使进行了合规制度建设，合规制度也得不到实际的贯彻执行。

（3）制定企业合规制度和规章。合规制度和规章的制定不仅是合规部门的工作，还需要法律、财务等部门的配合。如果合规部门的规模有限，可以跟外部顾问共同起草相关的合规制度，把外部顾问的实战经验和成熟模板引入企业合规制度建设中，使企业少走弯路。

（4）加强合规培训和合规文化建设。企业如果真正重视合规，就会把合规作为企业文化基因的一部分，加强合规培训和合规文化建设，具体细则如下。

① 企业合规培训要定期做，尤其是易导致腐败的行业，如医药、房地产、矿产资源、教育等。另外，企业要尤其重视对业务人员的合规培训。

② 一个月做一次合规培训，每次培训结束时都应对员工进行考核，将考核成绩作为员工升迁依据之一。

③ 加强合规宣传，定期向员工公布外部和内部发生的典型案例，警醒员工。

（5）及时处理举报的违纪行为。合规制度要想得到尊重和执行，就不能停留在纸面上。在公司内部，对违规行为进行一次公平有效的处罚，抵得过开展几十次的合规宣传。企业要设立员工违规行为举报热线，该热线既可以由首席合规官负责运行，也可以让更专业和更中立的外部顾问来运行。对于举报的问题，如果确实重大，可以邀请政府机关和外部顾问介入，让案件得到合理合法的处理。如果在一定程度上为企业挽回了损失，可以给予举报人一定比例的物质奖励。对于内部员工的举报，还要对其进行额外保护，确保其不受打击报复，甚至可以将有效的举报行为作为员工升迁的依据。

（6）进行合规管理体系或反贿赂管理体系认证。目前，国内已经出现了专门针对 ISO 37001《反贿赂管理体系》和 ISO 19600《企业合规管理体系》的认证服务，深圳市标准技术研究院还推出了《反贿赂管理体系》（深圳标准）的认证服务，其他企业（尤其是大型企业）应认真考虑如何获得这些认证。

获得这些认证可能带来下列好处：在一些国际和国内招标采购中，可能获得加分；可以向股东、管理层、客户和员工等证明企业对待合规的认真态度和管理水平；在被政府调查时，为企业提供已经采取合理措施和防止违规行为的证据。

2．建立合规控制环境的细则

企业应当根据国家有关法律法规和企业章程，建立规范的企业治理结构和议事规则，明确决策、执行和监督等职责权限，形成科学有效的职责分工和制衡机制。

（1）董事会负责内部控制的建立健全和有效实施；监事会对董事会

建立与实施内部控制进行监督；经理层负责组织、领导企业内部控制的日常运行。

（2）企业应当成立专门机构或指定适当的机构，具体负责组织协调内部控制的建立、实施及日常工作。

（3）企业应当在董事会下设立审计委员会。审计委员会的职责是负责审查企业内部控制，监督内部控制的有效实施和内部控制的自我评价情况，协调内部控制审计及其他相关事宜。审计委员会的负责人应当具备相应的独立性、良好的职业操守和专业胜任能力。

（4）企业要结合自身业务特点和内部控制要求，设置内部机构，明确职责权限，将权力与责任落实到各责任部门。

（5）企业应当编制内部管理手册，使全体员工掌握内部机构设置、岗位职责、业务流程等情况，明确权责分配，正确行使职权。

（6）企业应当加强内部审计工作，保证内部审计机构设置、人员配备和工作的独立性。内部审计机构应当结合内部审计监督，对内部控制的有效性进行监督检查，对在监督检查中发现的内部控制中存在的重大缺陷，有权直接向董事会及其审计委员会、监事会报告。

（7）企业应当制定和实施有利于可持续发展的人力资源政策。人力资源政策应当包括下列内容：员工的聘用、培训、辞退与辞职；员工的薪酬、考核、晋升与奖惩；关键岗位员工的强制休假制度和定期岗位轮换制度。

（8）企业应当将职业道德修养和专业胜任能力作为选拔和聘用员工的重要标准，加强员工培训和继续教育，不断提升员工素质。

（9）企业应当加强文化建设，培育积极向上的价值观和社会责任感，倡导诚实守信、爱岗敬业、开拓创新和团队协作精神，树立现代管理理念，强化风险意识。

（10）企业应当加强法治教育，增强董事、监事、经理及其他高级管理人员和员工的法治观念，严格依法决策、依法办事、依法监督，建立健全法律顾问制度和重大法律纠纷案件备案制度。

二、合规风险的识别

识别风险是合规的原点，整个合规体系都是以此为基础建立的。

各个行业、企业发展的不同阶段，可能面临不同的风险。医药行业的商业贿赂、互联网公司的个人信息保护、平台公司的内容审查等，都是常见的风险点。企业一定要用发展的眼光识别风险。

2020 年 7 月，拼多多 App 的商家宜买车汽车旗舰店上线"特斯拉 Model 3 万人团"团购活动。拼多多每台车补贴 40 000 元给购车用户，以抢购成功的用户名义在特斯拉官网上下单买车。原价 291 800 元的 Model 3 标准续航后驱版只需 251 800 元。

7 月 21 日，特斯拉公司发出声明，称未与拼多多或者宜买车汽车旗舰店合作，并拒绝交付已下单车辆，并称二者已违反禁止转卖条款。8 月 14 日，此事经新浪科技曝光后，迅速冲上微博热搜。

拼多多作为电商平台，其典型的业务模式是同时面向买家和卖家。对于买家，拼多多负责提供商品的展示和选购；对于卖家，拼多多负责提供平台服务。这个模式得以顺畅运行的前提是买卖双方都愿意与拼多多合作，但在"特斯拉团购"事件中，拼多多未经特斯拉同意，单方面通过补贴方式拉低了特斯拉的正常售价，破坏了特斯拉的直销体系和品牌定位，扰乱了市场秩序。同时，拼多多向特斯拉隐瞒了其以用户名义下单的事实，这一行为背离了市场交易的诚信原则。

如果仅从合同本身来看，特斯拉得到了销售全款，用户获得了正品汽车，本无可厚非，但是市场的本质是自愿和诚信，所有违背这一原则的行为都是受市场谴责的行为。合规中的"规"，其含义本身就是多重的，并不局限于法律法规，还包括伦理规范和社会责任。合规的最终目的是引导企业成为"良善公民"。所以，企业对风险的识别，不能仅停留在具体的法律规范上，还应上升到商业伦理和社会责任的高度，企业只有秉持善意和诚信行事，才是真正的合规。

在企业合规计划的构建中，风险识别是关键要素。

在国际标准化组织最新发布的 ISO 37301：2021《合规管理体系要求及使用指南》中，将有能力"识别合规风险"作为企业制定合规管理程序中的考量因素及管理人员的职责要求。

另外，风险识别还出现在了《企业境外经营合规管理指引》与《中央企业合规管理指引（试行）》中，成为合规管理框架或合规管理运行的关键因素之一。

对企业合规计划构建中的"风险识别"，应当作限缩解释，即企业合规计划构建中应识别的是"合规风险"。通常，企业会面临资金、技术、市场、经营等商业风险，区别于传统商业风险的是，合规风险是指企业因经营中存在违法违规乃至犯罪行为，而可能遭受行政监管部门或司法机关刑事追究的风险。

合规风险是企业行为不符合法律以及相关政策规定而引起的，但并不是所有的法律风险都是合规风险，因此，合规风险应分为行政监管处罚风险、刑事追究风险和国际组织制裁风险。同时，行政风险与刑事风险密切相关，刑法上涉及的税务类犯罪、走私类犯罪、食品类犯罪等最初都由主管的行政机关负责查处。

1．外部识别法

（1）对合作伙伴的尽职调查和回访。

① 尽职调查。企业与商业伙伴合作前，应该对商业伙伴开展全面的尽职调查。通过对商业伙伴的行业特点、资金情况、违法违规情况等进行了解，综合判断与该商业伙伴合作的法律风险，避免自身因牵涉商业伙伴的违法行为而承担法律责任。

② 回访。企业可以在与商业伙伴合作后，开展合作回访。通过合作伙伴的信息反馈，了解此次合作过程中各环节可能存在的法律风险，尤其是识别企业员工在此次合作中是否存在串通投标、商业贿赂等违规行为。

（2）监督举报机制。企业可以建立举报机制，鼓励举报人通过信函、电话、电子邮件、网络留言等形式对企业可能存在的合规风险进行举报；企业可以增设举报奖励，提高举报人的积极性。同时，举报机制建立后，企业还要配套建立相应的调查机制，及时对举报的合规风险进行调查、分析并及时采取风险化解和处置措施。

2．内部识别法

（1）识别访谈法。所谓识别访谈法是指访谈员通过和受访人面对面的交谈，了解受访人的心理和行为，明确其潜在的观点和认知，确定其是否存在法律风险。进行识别访谈法的主要步骤如表 4-1 所示。

表 4-1 识别访谈法主要步骤说明

步 骤	关 键 点	说 明
第一步	筛选访谈对象	采用识别访谈法，企业不需要对所有部门、所有员工进行访谈，可以结合既往的合规处置经验，通过调查以往容易出现合规风险的关键岗位、部门确定访谈对象
第二步	制作访谈提纲	不同行业和岗位的特点不一，可能产生的法律风险也不尽相同。比如，销售部门容易出现商业贿赂的合规风险，财务部门容易出现税务方面的合规风险，生产部门容易出现产品质量的合规风险，因此，要根据不同的访谈对象，设定不同的访谈提纲
第三步	做好访谈记录	如果有条件，要尽量录音录像。访谈的目的是识别风险和预防风险，而一旦风险预防失败，就需要确认责任承担主体，届时访谈记录就可以作为判断责任主体的相关证据
第四步	进行访谈分析	要根据访谈情况，结合合规风险的管理内容，进行全面的系统化分析，判断访谈对象是否存在合规风险，如果存在，就要立即启动调查程序，并及时做好应对措施。如果当次访谈没有识别出合规风险，就要继续追踪，定期进行访谈

（2）问卷调查法。问卷调查法是指对企业可能存在的法律风险，通过设置一系列的问题进行度量，并根据搜集到的可靠资料进行研判。该方法标准化程度高，效率高，匿名性强，能在短时间内获取大量资料，适合在企业内部大范围进行，主要包括如下几项内容。

① 确定调查问卷的范围。企业可以针对全体员工设计调查问卷，以识别常规的合规风险；也可以针对部分岗位、个别部门，制作专门的调查问卷，识别一些特殊的法律风险。

② 确定调查问卷的内容。合规风险调查问卷要具备的基本内容包

括：确认被调查人的身份、岗位和职责；让员工列明自身的合规义务，列明自己所在的岗位和企业可能存在的合规风险；让员工就企业的合规体系建设提供建议。

③ 对调查问卷进行分析和筛查。收回调查问卷后，对调查问卷进行分析和筛查，找出存在潜在合规风险的岗位或员工。筛查过程中，要加强关键岗位的分析和追踪，关注合规风险的分布和变化。

（3）案例分析法。案例分析法是指企业根据自身以往的合规风险案例或其他企业相同或类似的合规风险案例，进行研究分析和总结，提升企业合规风险识别和预防能力。概括起来，主要包括如下内容。

① 案例的挑选。企业可以挑选先前发生的合规风险案例，如果企业先前没有发生过类似的合规风险案例，那么可以参考其他企业或相同行业、业务领域等的案例。

② 案例的分析。企业要结合案例的争议焦点和核心合规风险，分析在该案例中，企业做出的有效措施以及未来仍需改进和补充的部分，提炼出应对措施，健全本企业的合规风险管理体系。

③ 员工的培训。对案例分析得出的结论可以作为员工合规风险培训的重要内容，使员工了解和规避其违规行为可能带来的不利后果。

（4）权力识别法。权力识别法是指识别不同岗位上不同的权力内容，通过所识别的权力内容定位合规风险，具体步骤如下。

① 列出岗位清单。采用权力识别法之前，要把不同部门的岗位数量、岗位职责、业务目标和合规目标进行汇总和归纳，制作各类岗位清单。

② 识别不同岗位之间的权力。企业的正常运行离不开权力的划分

与施行，通过总结，可以把企业的权力基本划分为以下几个类别，如表4-2所示。

表4-2 企业权力类别说明

企业权力	说　　明
审核权	对重大事项的审批权、决策权，一般由企业的领导、部门负责人行使
销售权	负责与客户对接，推介各类服务项目、产品、优惠政策，主要由企业的销售员工或者客服行使
人事权	负责招聘、人员任免、考核、奖励、处罚等事项，主要由企业的HR行使
采购权	负责企业的采购、招标、确定供应商等活动，由企业采购人员行使
监督权	负责对企业进行质量检测、安全管理、技术审核、专业评审等活动，由企业质量监督等部门行使
财务权	主要负责企业收款、付款、费用开支、费用报销等事项，由企业的财务人员行使

③ 基于不同类型权力的特点，在识别各权力类型中最有可能发生合规风险的领域及类型如下。

a. 审核权。审核权的权限较大，甚至可能影响整个企业的发展方向，因此该岗位最容易发生不正当竞争、贪污腐败等合规风险。

b. 销售权。销售人员主要负责对接客户，为了提高销售业绩，增加产品销量，有的销售人员可能会采取一些违法违规的手段，导致商业贿赂、侵犯个人信息等合规风险的发生。

c. 人事权。人事权主要集中在对员工的日常管理，因此该岗位容易发生劳动用工的合规风险，如工资、奖金、补偿金、赔偿金、年休假、加班费等合规风险。

d. 采购权。采购人员和企业的供应商联系密切，因此该岗位可能和供应商勾结，侵犯企业的合法权益，如串通投标、商业贿赂等。

e. 监督权。监督人员主要负责监督企业的产品质量和生产安全，因此该岗位容易出现产品质量、安全事故等合规风险。

f. 财务权。如果企业财务制度不健全，那么就会出现财务原始凭证丢失、企业与个人之间账目混乱、资产混同等情况，由此导致挪用资金、职务侵占、偷税、漏税等合规风险。

企业可以结合自己的行业特点和合规需求选择不同的识别方法，也可以同时采取多种识别方法，例如，采用访谈法时，可以通过调查问卷法筛选访谈对象；在使用权力识别法之后，可以针对个别权力的行使，采用调查问卷法或访谈法找出具体的合规风险。

三、合规风险的评估

企业经营过程中，总会面临各种不确定性。不确定性中既蕴含机会，也潜藏风险。能否有效评估及应对风险，有时甚至关乎企业的生死存亡，因此，企业风险管理日渐成为国际社会普遍关注的话题。

通过风险识别，就能发现、识别和描述可能有助于或妨碍企业实现目标的风险，由此获取相关的、适当的和最新的信息。

通过风险分析，就能理解包括风险等级在内的风险性质和特征。风险分析涉及对不确定性、风险源、后果、可能性、事件、情景、控制及其有效性的详细考虑。

风险评价可以为决策提供支持。可能的决策包括：① 无须做任何事；② 考虑风险应对方案；③ 进一步分析以更好地理解风险；④ 维持现有控制；⑤ 重新考虑目标。

风险评价的结果应当在企业的适当层面被记录、传达和验证。

1. 确定合规风险评估的范围及具体风险

根据企业面临的合规监管要求及实际合规风险，企业要根据自身的合规资源明确合规风险评估活动的范围。

企业进行合规风险评估的目的是发现和识别企业面临的合规风险和风险的紧急程度及严重性，但由于企业合规资源有限，决定了企业不可能对所有的风险进行同一标准的评估和识别，因此，在进行合规风险评估之初，企业必须先进行预风险评估与识别。

（1）合规风险评估外部监管要求的分析与落实。进行合规风险评估时，企业要考量外部监管部门对企业的要求，比如，企业由于业务性质的原因，外部监管部门对于企业在反腐败、反垄断、数据安全、安全生产等方面有明确的监管要求。

（2）合规风险评估范围选择的要素。企业应根据自身的经营特点和行业类型，识别企业面临的监管义务重、发生概率高、紧急程度较高的合规风险，作为合规风险评估的范围。

（3）合规风险评估全面性与资源有限性的矛盾与解决之道。初次进行合规风险评估时，企业可以将合规风险评估范围尽量放宽些，以便给企业进行全面体检，避免遗漏，有利于企业相对准确地制定合规风险防控措施。

2. 确定合规风险评估的主体及参与人

为了确保合规风险评估工作的顺利进行，企业在确定了合规风险评估的范围后，则需要明确进行合规风险评估的主体以及具体的参与人。

（1）合规风险评估的主体。合规团队通常是合规风险评估的组织者和执行者，合规团队可以与法务和企业的内控团队一起，作为合规风险评估的主体，具体实施合规风险评估的工作。

（2）合规风险评估访谈的参与者。企业要根据合规风险评估的范围，按照相关者的原则，确定访谈对象。

访谈对象的选择标准通常应当具有一定的代表性与多样性，比如，既要有高层管理人员，便于介绍企业的整体情况；又要有中层的管理人员，便于介绍具体的业务单元情况。此外，还应当让一线员工参与进来，以确保合规风险评估结果的客观性。

3．针对合规风险的范围制定相应的指标和说明性文件

企业应制定相应的合规风险的评估指标，具体如下。

（1）合规风险发生的可能性，即企业应当评估该种合规风险是否存在发生的可能性，如果基本不会发生，或发生的概率极低，那么企业就不用投入过多的精力予以防范。

（2）企业要针对风险发生的概率和可能对企业造成损害的严重程度，制定比较清晰的评估指标，以便在进行风险评估时可以相对量化。企业可以按照风险发生的频率将其从高至低划分为几个等级。

4．实施合规风险评估

企业在具体实施合规风险评估的时候，既可以采取访谈的方式，也可以采取问卷的方式。

为确保评估结果的准确性，企业在实际进行风险评估的时候，对风险评估的参与人员应当按照工作岗位的不同进行适当划分。

企业在进行合规风险评估时，可以适当地提高业务和合规团队对于风险发生概率评估结果的权重。如果企业能够识别出每一个具体的风险点与哪个业务单元最相关，那么就可以提高该业务单元对于该等级风险评估的权重。

5．对于企业合规风险防控措施的评估

企业要对现有的合规风险防控措施进行梳理，通常评估标准有以下几点。

（1）为了管控相应的风险，是否针对该等级风险制定了相应的政策或流程。

（2）是否确定了相关的人员执行现有的政策或流程。

（3）相应的政策或流程是否存在漏洞，是否得到了有效的沟通与执行。

（4）该风险在过往是否发生过；如发生过，发生的原因是什么，企业是如何处理该风险的。

四、合规风险的预警

1．企业合规风险的预警

合规风险库建立的过程也是企业自审的过程，因此风险库建立的过程是相关行为或事件触发合规风险时的预警，至少需要联动如下事宜，才能解决该问题。

（1）合规风险预警发布的主体。《中央企业合规管理指引（试行）》

和《中央企业合规管理办法》均未明确合规风险预警发布的主体，但是，从合规管理三道防线以及合规管理中各部门的责任来看，由合规管理部门牵头管理合规风险预警机制最为妥当，另外，业务部门也应当积极参与。

（2）合规风险预警发布之后的执行。业务部门在合规风险预警机制发布后，采取的措施和动作是合规风险预警能否发挥作用的关键，因此，企业在建立合规风险预警机制时，就应当明确预警分级以及具体应对的适用，否则很容易将合规风险预警当成"烟幕弹"。

（3）合规风险预警的解除以及复盘。合规风险预警机制的解除是预警机制的重要组成部分，如同灾害天气预报一样。为了让合规管理形成有效闭环，企业在每次合规风险预警机制解除后，都需要进行复盘，从预警机制发出、措施执行再到解除，看看是否有需要改进的地方，并落实到后续操作中。

2. 构建企业合规风险预警机制的主要任务

（1）明确组织机构各层级的合规风险管理职责。

① 法人治理层面的风险管理职责。股东大会的主要职责是指导、督促企业落实合规风险预警机制的建设与实施；董事会负责领导和制定企业全面建立和实施合规风险预警机制的工作，并对其中的重大事项进行决策；监事会主要负责对企业重大合规风险预警机制实施情况进行监督；管理层负责主持企业合规风险预警机制实施的日常工作。

② 合规管理牵头部门的职责。合规管理牵头部门主要负责研究并提出合规管理工作报告和合规风险预警机制的实施方案；负责合规风险

预警机制的建立和实施工作，提出合规风险应对策略、组织实施和日常监控，组织协调整个企业合规风险预警机制的运行；等等。

③ 监督部门的职责。企业审计部门或负责法律监督的法务部门主要负责合规预警机制建立的监督工作，对企业整体，各职能部门和分、子企业合规风险预警机制建立和实施的有效性进行审计监督，并提出相关完善建议；法律事务部负责对整个企业法律风险进行预警和防范。

（2）设定合规风险管理目标。企业建立和实施合规风险预警机制的根本目标是实现企业内部控制的目标，具体包括：保证企业经营管理合法合规、资产和资金安全、财务报告及相关信息真实和完整，提高经营效率和效果，促进企业实现发展战略。企业建立和实施合规风险预警机制的直接目标是：及时收集与沟通风险信息；及时识别和评估风险，特别是重大风险；及时有效地应对各种风险，特别是重大风险；维护和创造因风险机会带来的价值，保护企业不因灾害性风险或人为失误而遭受重大损失；等等。

（3）识别风险因素。导致企业风险的因素多种多样，大致可分为内部风险因素和外部风险因素两种。

① 内部风险因素。包括人力资源因素、内部管理因素、自主创新因素、财务因素、安全环保因素等。

② 外部风险因素。包括经济因素、法律因素、社会因素、市场因素、科学技术因素、自然环境因素等。

企业应当结合实际情况，完整、清楚地识别这些风险因素，建立风险因素识别清单，并定期进行完善和更新，为各级管理层和员工提供识别风险因素的有效工具。

（4）建立风险清单库。企业应当在风险因素识别的基础上建立风险清单库，描述企业可能面临的风险以及该风险可能产生的不利后果，同时，描述责任部门和岗位应对该风险的控制方法和控制活动，以便企业管理部门在需要时，能找到相应的风险和应对方法。企业整体层面的风险清单包括：企业战略风险清单、企业运营腐败风险清单、企业组织架构风险清单、企业法人治理结构风险清单、企业文化建设风险清单、企业人力资源风险清单、企业社会责任风险清单等。

（5）设置合规风险预警指标。企业应当根据各类风险特征，针对整体层面和各业务层面建立相应的合规风险预警指标体系，对风险的严重性进行监测和预警。合规风险预警指标既可以是定性指标，也可以是定量指标，只要出现一项或多项指标，就意味着企业可能出现了某种程度的风险，应当启动相应的风险应对预案。

（6）合规风险预警级别划分。企业应当根据识别的风险因素及其对合规风险预警指标的分析，从定性分析和定量分析两方面对风险发生的可能性及其带来后果的严重程度，划分相应的合规风险预警级别，并提出相应的合规风险预警信号。根据风险对企业影响的严重程度，可以将企业合规风险预警级别分为五级，即微弱、一般、中等、重大和特别重大。

（7）确定风险应对预案。企业应当根据风险类型及合规风险预警级别，事先制定相应的风险应对预案，应对风险的主要方法有风险规避法、风险降低法、分散分担法和风险承受法。

风险应对方案的主要内容包括：设立或调整与合规风险应对相关的

机构、人员，补充经费或风险准备金等；制定或完善与合规风险应对相关的制度、流程；针对特定合规风险编撰指引、标准类文件，以供业务人员使用；利用技术手段规避、控制或转移某些合规风险；针对某些合规风险事件发布警告或预警信息；开展专项活动，规避、控制或转移某些合规风险；对某些关键岗位人员进行合规风险培训，提高其合规风险意识和合规风险管理技能。

五、合规风险的应对

合规风险的应对包括：具体合规风险的妥善处置、应急预案的完善、日常演练等。

合规风险识别预警可以最大限度地避免突发性合规风险应对的发生。

合规风险预警应当是分级别的，合规风险应对也应当有级别，牵头部门、应对措施等都应当符合"对等"原则，既要避免"大炮轰苍蝇"，也要避免"小马拉大车"。不过，大原则虽然好确定，但合规风险并不是固定的，而是动态的，因此，风险应对也应当是动态的调整，内部汇报可以从时间、级别、可调动资源等方面保持动态调整。

从学理角度，笔者依据不同的标准，将企业合规风险做出以下分类。

1. 依据合规风险涉及范围的不同进行分类

依据合规风险涉及范围的不同，可以将合规风险分为全面合规风险和专项合规风险。

（1）全面合规风险。全面合规风险是指企业在运营过程中所面临的较为系统性的合规风险，其可能涉及企业的生产经营以及管理的各个领域和环节。与全面合规风险相对应的是全面合规管理。

（2）专项合规风险。专项合规风险也被称为局部合规风险，主要是指企业在生产运营以及管理等局部领域或者环节所隐藏的合规风险。专项合规风险又可以进一步分为专门领域的合规风险与专门项目的合规风险。某个专项合规风险对企业造成的影响可能有限，但多项合规风险的累加会形成叠加效应，在风险爆发时，可形成星火燎原的态势。

与专项合规风险相对应的即专项合规管理，比如，作为现代企业所应当承担的社会责任之一，环境保护越来越受到企业的重视。环境保护中存在的合规风险就属于较为典型的专门领域的合规风险。

2．依据合规风险是否增长变化进行分类

依据合规风险是否增长变化可将合规风险分为存量的合规风险和增量的合规风险。

（1）存量的合规风险。存量的合规风险是指企业在运营过程中已产生的合规风险。此类合规风险往往具有较强的隐蔽性和顽固性，由于各种综合作用的影响，此类风险很难完全化解。

（2）增量的合规风险。增量的合规风险是指企业在运营过程中由于新业务、新问题的产生而引发的新的合规风险。此类合规风险需要企业加以重视，及时予以防范和化解。

将企业合规风险进行这样的分类，可以引导企业高度关注合规风险数量以及种类的变化。企业既要关注存量的合规风险，又要特别重视增

量的合规风险，只要处理好存量的合规风险与增量的合规风险二者之间的关系问题，保持存量与增量之间的平衡，就可以有效防止存量的合规风险在新的环境中演变为增量的合规风险。

3．依据合规风险所处状态的不同进行分类

依据合规风险所处状态的不同可以将合规风险分为静态的合规风险与动态的合规风险。

（1）静态的合规风险。静态的合规风险是指企业各个岗位，尤其是关键岗位所涉及的合规风险。比如，企业财务岗位极具重要性，也是违规、违法事件发生的重点领域，因此，对于财务合规风险的识别、处置就显得尤其重要。

（2）动态的合规风险。动态的合规风险是指企业在整个运营过程中的各个工作流程和步骤所涉及的相关合规风险。此类合规风险的变化性很强，需要企业合规人员及时识别和处置。

通过这种分类方式，可以协助企业合规人员提升合规管理水平，准确识别重点的合规风险，逐步构建"纵横交织"的合规管理网络体系。

4．依据合规风险持续时间的不同进行分类

依据合规风险持续时间的不同，可将企业合规风险分为临时性合规风险和常态化合规风险。

（1）临时性合规风险。临时性合规风险是指主要集中或者暴露在某一短暂时期的企业合规风险。针对临时性合规风险，企业往往需要采取及时的、有针对性的合规管理措施加以防范和化解。临时性合规管理往往具有应急性特征，主要扮演企业"消防员"的角色。

（2）常态化合规风险。常态化合规风险是指企业合规风险一般具有较长的持续性和过程性，伴随着企业成长和发展的全过程，而并非只在某一个具体时间段里存在或者暴露。与常态化合规风险所对应的就是常态化合规管理。

采取这种分类方法有助于企业合规人员分门别类地制定企业合规管理制度，并采取不同的合规措施，识别和应对不同时间段的合规风险，切实做到未雨绸缪、防患于未然，有效提升企业合规管理的科学性和可持续性。

5．依据合规风险来源的不同进行分类

依据合规风险来源的不同可将企业合规风险分为内部的合规风险和外部的合规风险。

（1）内部的合规风险。内部的合规风险也可称为内生性的合规风险，指的是合规风险主要来源于企业自身内部的各项运行和管理。

（2）外部的合规风险。外部的合规风险也可称为外力性的合规风险，指的是合规风险主要来源于企业外部的各种因素的综合影响。

采取上述分类方法可以帮助企业合规人员准确识别合规风险的来源，及时发现合规风险源，这要求企业合规人员不仅要关注企业内部的运营和管理，还要关注企业外部所面临的各种错综复杂的社会环境，开拓企业合规管理的视野，优化企业合规管理的方法。

6．依据合规风险安全指数的不同进行分类

依据合规风险安全指数的不同可将企业合规风险分为高级别合规风险、中级别合规风险和低级别合规风险。

（1）高级别合规风险。高级别合规风险是指企业合规风险安全指数较高的某种或者某类合规风险，其主要存在于企业的初创期或者高速发展期。

（2）中级别合规风险。中级别合规风险是指企业合规风险安全指数不高的合规风险，其主要存在于企业的重要转型期或者过渡期。

（3）低级别合规风险。低级别合规风险是指企业合规风险安全指数偏低的合规风险，其主要存在于企业的成熟期。

采用上述分类方法可以有效地帮助企业建立和完善合规风险的预警机制，科学识别各类合规风险安全等级，使企业及时有效地应对各类合规风险。

如同企业经常举行的"消防演练"一样，合规风险应对也需要"演练"。从接到合规风险预警到内部信息同步、措施启动等，每一环节都应当在"演练"中验证合规风险应对是否及时或妥当。

第五章　企业合规信息化建设要点

一、合规风险信息系统建设

1．合规投资

一段时间以来，多数企业已在业务利润中心开展技术投资，例如，通过分析社交媒体数据，预测供应客户产品的新趋势，或及早发现客户的异常消费行为，识别可能被盗用的账户信息等。但现实情况下，在开展类似投资支持合规职能方面，不少企业仍举棋不定。

《毕马威2021年首席合规官调查：分享客户对合规要求的观点》指出，当被问及未来3年合规工作将会面对的挑战时，有56%的受访者认为是技术力量不足，有32%的受访者认为是数据不足或不准确，有67%的受访者表示，自动化和技术应用是未来几年他们会提升的重要领域之一。

值得注意的是，有65%以上的受访者还表示，自动化和技术应用是他们将会在日常工作中融会贯通并进一步整合，以支持道德与合规环境建设的重要领域之一。

2．合规预算

如今，合规部门已经在引进技术方面获得了企业整体支持，在采访中，约有49%的受访者预计，整体道德与合规部门的预算将按年度增长，特别是75%以上的受访者预计他们的技术预算会在未来3年有所增加。同样，在预计整体道德与合规部门的预算将会增加的受访者中，有75%以上的受访者把自动化和技术应用视为首要优先项目。另外，已投资治理、风险与合规工具的企业中，有不少正计划投资机器和人工智能方面的学习。

（1）新形势下，常规手段力有未逮。在新形势和法规要求下，数据极具复杂性，常规情况下，依靠问询和调研性质的检查工作方式，已不能达到预期效果，无法保证检查测评结果的全面和准确。

（2）多维度长期合规性检测监控能力不足。因为企业缺乏针对流量、静态数据的定期扫描和检测手段，所以就无法及时发现数据在日常运营过程中产生的合规性隐患，无法及时有效地满足国家及行业监管方的数据安全合规要求。

（3）需保护的目标数据无从发现。无论是数据安全保护，还是数据安全合规，其目标都是重要数据和敏感数据，其界定标准来自国家法规以及行业和企业标准。由于缺乏精准高效的内容识别手段，要找到法规标准所描述的需保护的目标数据，如同盲人摸象。

信息安全行业发展至今，建设重心已由传统的边界安全进阶为数据安全，而数据安全保护与合规建设内容并没有一个定式，所以需要结合企业业务和数据敏感性来制订对应方案。企业要做好数据安全合规检测和检查，就要同时具备精准的数据识别和发现能力，以及基于法规标准的，结合企业业务的数据安全合规评估能力。

合规涉及企业日常经营的方方面面，对于提升自身核心竞争力、加速商事流转、维护交易安全、防范金融风险、促进经济高质量发展等均有重大现实意义。

3．智慧合规势在必行

目前，传统的合规管理模式已经无法满足现阶段企业的需求而亟须转型。由于企业的业态差异以及本身管理方式和对于合规的重视程度不同，传统合规在快速落实、动态监测、精准预防和调查分析中存在诸多痛点，亟须通过科技赋能，帮助合规实现数字化转型。

二、合规风险数据分析

所谓合规风险数据分析，就是将来自内外部的法规文件或者信息，基于预设定的法规或规则，按照来源、法规类型、标签、管理流程等进行法规的自动化处理，过程包括法规导入、法文拆解、标签化、入库、基于不同的合规处理流程进行分派等，对比重点法规的变化，并在发生业务时，即时检索相关信息。

企业合规风险的数据分析包括合规风险识别、合规风险分析和合规风险评估。

1．合规风险识别

合规风险识别是指在识别合规义务的基础上，发现、收集和整理合规风险并列出清单，为管理合规风险而明确对象和范围。

（1）需要整理企业在经营中应当遵守的各类规范性文件，包括法律、法规、部门规章、行业强制标准、行业监管规则、行政许可或授权文件、行业惯例等，如果是涉外企业，还包括相关的国际条约、国际规则、国外法律法规等。整理好之后，再根据行业类别和企业经营情况，逐项进行分析。列出违反之后可能带来合规风险的规范性文件条目，主要包括可能带来的刑事处罚、严厉行政处罚、国际组织制裁的强制性规定和禁止性规定。

（2）在识别合规义务的基础上，按照企业特点，选择不同的角度或通过不同角度的组合，包括经营管理活动领域、部门法领域、业务领域、法律责任分类等，明确违反各项合规义务可能带来的不利后果，编制初步的合规风险清单。

2．合规风险分析

合规风险分析是指，对经过识别所确定的合规风险产生的原因、来源、发生的可能性、后果影响严重程度等方面进行研究分析，为合规风险的评估和应对提供支持，重点是针对发生的可能性、后果影响严重程度的分析。

在发生的可能性分析中，要结合企业目前的管理水平，对各合规风险发生概率的大小或频繁程度进行判断。在后果影响程度分析中，主要按照后果对企业经营管理和业务发展产生影响的大小进行。

3．合规风险评估

合规风险数据分析关注的是一项项具体的合规风险，而合规风险评估则是对全部合规风险进行整体的分级排序。在具体评估时，要综合考虑合规风险发生的可能性大小、后果严重程度因素，可将合规风险分为三个层次，即重大合规风险、中等合规风险和较低合规风险，并明确指出需要重点关注和首先需要解决的合规风险，便于企业统筹应对。

三、合规风险动态监测

企业要基于高管、合规部门和业务单位的不同角色和管理场景，有针对性和指向性地向使用者动态展示关注内容，帮助其及时有效地做出决策。

全面监控业务的合规性，有效控制风险。通过法规沉淀、案例沉淀、实施法规概览、合规内化任务分析、监管处罚事件趋势分析等方法，有效掌握监管动态。

1. 进行合规风险分析

合规风险监测的主要目的是增进对合规风险的了解，为风险评价和应对提供支持。根据目的、可获得的信息数据和资源，其详细程度可以不同，既可以是定性、定量的分析，也可以是这些分析项目的组合。

所谓合规风险监测，就是在风险识别的基础上，考虑不合规发生的原因、后果及发生的可能性等因素，最后形成合规风险列表清单。

对于合规风险列表清单，应达到以下四个标准。

（1）风险的具体描述。简单且准确地描述风险，比如，风险可能在什么情况下，以什么方式发生，以及风险对既定目标可能产生的影响。

（2）风险发生的原因。明确导致风险发生的真正原因。

（3）风险发生的结果。说明风险发生后，在哪些方面以及以怎样的方式造成影响。具体可以考虑但不限于以下因素。

① 后果的类型。包括财产类的损失和非财产类的损失（商誉损失、

企业形象受损）等。

②后果的严重程度。包括财产损失，即金额的大小、非财产损失的影响范围、利益相关者的反应等。

（4）风险发生的可能性。说明风险发生的概率大小，对风险发生可能性的量化分析，可以从以下五个维度进行。

①内部合规规范的完善程度。

②合规规范的执行力度。

③人员相关合规素养。

④外部监管执行力度。

⑤违规行为一年内发生的次数。

2．进行合规风险评价

所谓合规风险评价，就是将风险分析的结果与企业能够接受的风险水平进行比较，或在各种风险分析结果之间进行比较，从而确定风险的等级。风险评价应满足风险应对的需要，否则应做进一步的风险分析。

风险评价是利用风险分析过程中获得的对风险的认识，设定合规风险的优先等级，对未来的行动进行决策。最简单的风险评价，是将风险分为两种，即需要应对的和无须应对的。但这样的方式无法全面反映情况，且两类风险的界限本身也不好确定。

常见的评价是依照企业对风险的容忍程度，将风险分为三个区域，具体如下。

（1）不可接受区域。在该区域内，无论相关活动可带来什么收益，风险等级都是无法承受的，需要不惜一切代价进行风险应对。

（2）中间区域。对该区域内风险的应对，不仅要考虑应对措施的成本与收益，还要衡量机遇和潜在后果。

（3）广泛可接受区域。该区域的风险很小，不用采取任何应对措施。

风险评价结束后，需要进行决策。决策时，应包括的内容有以下几点：某个风险是否需要应对、风险的应对优先等级、应该采取哪种途径。具体决策时，需要参考法律、财务、道德等因素。

3．合规风险监测报告

根据合规风险识别和监测情况，合规风险评估工作最后的结果，应当是一份全面的合规风险评估报告。

报告主体应当以部门为单位，如业务部门向合规管理部门报告，合规管理牵头部门向合规管理委员会报告。

合规风险监测报告的内容应当包括：合规风险评估实施概况、合规风险基本评价、存在的合规风险、合规风险发生的原因分析及可能的企业损失，处置建议和应对措施等。合规风险监测报告通常分为以下几部分。

（1）合规风险监测工作实施概况。合规风险监测工作实施概况的内容主要有以下三点。

① 合规风险监测立项选择的背景和工作目的。

② 开展合规风险监测的相关准备工作，包括工作小组、评估范围、使用的识别评估工作方法、工作步骤及时间安排、工作要求等。

③ 合规风险监测实施过程中的具体工作情况。

（2）合规风险基本评价。合规风险基本评价，主要包括以下四点。

① 本次合规风险监测评估已覆盖的合规风险领域。

② 在本次合规风险监测评估总体结果：固有的合规风险点数量、剩余的合规风险点数量。

③ 在本次合规风险监测评估中，不同等级的合规风险的情况，如各不同合规风险等级的合规风险数量、需要采取风险管理措施的合规风险数量。

④ 对被监测范围的合规风险管理效果的基本评价。

（3）存在的合规风险。通过合规风险监测评估，把监测出来的需要采取风险管理措施的合规风险点详细地列出来，这是合规监测报告的核心内容，也是将来企业高管在采取风险管理措施时认可的权威依据。

（4）合规风险发生的原因分析。主要包括权力、外部环境、员工个人原因、制度措施不完善等。需要注意的是，合规风险的发生往往不是由其中一个原因引致的，而是由多个原因共同作用导致的。

① 权力。权力可以直接引发合规风险，主要是从权力出发，列举出具体的某一项或几项权力的不正当行使而引致了合规风险的发生。

② 外部环境。被评估领域、岗位或流程所处业务领域，在企业外部接口的商业环境状态及其对企业内部该业务领域、岗位、流程合规履职的影响。

③ 员工个人。员工个人的不当动机、员工接受合规知识培训的情况。

④ 制度措施。被监测领域、岗位或流程所在的业务领域内的企业的制度建设现状。如果近期该业务领域已经发生过不合规行为或违规行为，应对发生不合规行为或违规行为的直接原因进行访谈，了解是否存

在以下情况。

a. 当事人对业务规律认知不够。

b. 规范合规风险的制度不适宜。

c. 当事人对业务制度学习内容不太了解。

d. 当事人没有完全掌握工作技能方法。

e. 当事人所在业务领域的业务绩效激励没有针对性，缺乏工作积极性。

f. 业务外部市场环境等方面的不可控原因。

g. 当事人陈述的其他原因。

四、合规风险预警与效率

随着企业业务向云端的快速迁移，数据的存储规模呈指数级增长，我国也出台了一系列企业数据安全合规检测法律法规，因此，企业对敏感数据的甄别、检测和处理变得尤为重要。

企业构建合规风险预警机制，是合规管理实现有效运行的机制保障。合规风险预警建立在风险分析与评价的基础上，对风险因素、风险等级和风险事故做出评价，持续性监测企业合规风险，并提前做出相应警示的一种制度安排，使企业能够及时采取相应的措施予以管控，降低企业合规风险，保障企业的健康运行。

1. 构建合规风险预警机制的原则

企业建立与实施合规风险预警机制，应当遵循全面性、目标性、前瞻性、可操作性等原则，如表 5-1 所示。

表 5-1　企业建立与实施合规风险预警机制的原则

原则类别	说　　明
全面性原则	合规风险预警机制的建立和实施，应当覆盖企业全部业务和事项以及所有企业和下属单位所面临的风险，即每类业务和事项、每个职能部门和全部分子企业都应建立合规风险预警机制
目标性原则	企业建立和实施合规风险预警机制的最终目标，是实现企业发展战略和经营目标，其直接目标是能够及时识别、评估和应对合规风险，将合规风险控制在企业可接受的范围内，防止合规风险识别不及时、评估不充分、应对不恰当等
前瞻性原则	在建立和实施合规风险预警机制中，企业要构建合规风险预警指标体系及其阈值，以便根据所达到的预警指标的数值，得出合规风险预警级别，提出合规风险预警预案
可操作性原则	合规风险预警机制应当具有可操作性，不是形式上的预警，而是能够落到实处的预警，便于全体员工实施预期作用的预警

2．构建合规风险预警机制的方法和路径

构建合规风险预警机制，要综合参考合规风险源头、合规风险类型、法律法规的变化、监管部门监管行为及理念变化、行业先例、舆情变化、历史违规行为等因素，其路径主要是在构建完善的信息化系统的基础上，分析和评估企业的风险源头及风险点的点位、科学合理地设置预警的指标体系。

（1）建立和完善风险评估机制，准确确定风险产生的主要来源。按照全面风险管理的原则，企业风险主要来自战略、市场、运营、财务和法律风险，企业应当对风险进行定性、定量的分析，包括对风险发生的可能性及风险出现后影响程度的分析。

① 企业应考虑该风险事件的外部监管执行力度，包括企业外部相关政策、法律法规的完善程度，以及相关监管部门的执行力度等。

② 考量该风险事件内控制度的执行力度，包括企业内部用以控制

相关合规风险的规章、制度的完善程度及执行力度等。

③ 分析该风险事件的相关主体和合规管理能力，包括企业内部相关人员对相关政策、法律法规、企业规章制度，以及对合规风险控制技巧的了解、掌握程度等。

④ 考虑该风险事件的利益相关者的综合状况，包括利益相关者的综合资质、履约能力、过往记录、合规风险偏好等。

（2）构建企业风险预警的相关指标体系。在建立和完善企业风险相关预警指标体系时，要围绕以下几方面进行：科学构建风险预警指标体系，模糊处理相关指标，合理确定各个指标的权重，计算出风险的评估值，依据风险的大小和相关标准发布预警信息。需要具体说明的有：所识别的主要风险因素，可能给企业带来的机会或损失，相关预警指标计算分析结果，以及可能达到的合规风险预警级别和合规风险预警评估结果等。

（3）及时启动合规风险预警机制，有效规避风险。企业在对各种经营风险进行分析后，要及时启动相关的风险预警机制，主要包括早期预防措施、应急处理措施等。风险预警系统一旦出现风险警报，就要依据预警信息的类型、信息的性质和风险的大小等，选择合理且科学的风险管理应对措施，制定具体的、切合实际的风险控制方案。对于合规风险预警级别为中等（蓝色）、中等（黄色）以上，以及重大（橙色）风险的，要及时向不同级别的管理层级报告预警，以便企业及时拿出和启动应对预案。

第六章　反垄断合规

一、认识反垄断合规

先来看一个案例。

2012 年 5 月 10 日，吴某在前往陕西广电网络传媒（集团）股份有限公司（以下简称广电公司）缴纳数字电视基本收视维护费时得知，该项费用由每月 25 元上调至 30 元，于是缴纳了 3 个月的费用，共 90 元，其中，数字电视基本收视维护费 75 元以及数字电视节目费 15 元。但在这之后，吴某了解到，数字电视节目应由用户自由选择，自愿订购。

吴某认为，广电公司属于公用企业，在数字电视市场内占据支配地位，其收取数字电视节目费的行为剥夺了自己的自主选择权，构成搭售，于是将广电公司诉至法院。

法院经审理并调查发现，2004 年 12 月 2 日，国家发展改革委、国家广电总局印发的《有线电视基本收视维护费管理暂行办法》规定，有线电视基本收视维护费实行政府定价，收费标准由价格主管部门制定。2005 年 7 月 11 日，国家广电总局关于印发《推进试点单位有线电视数字化整体转换的若干意见（试行）》的通知规定，各试点单位在推进整体转换过程中，要重视付费频道等新业务的推广，供用户自主选择，自愿订购。

2013 年 1 月 5 日，陕西省西安市中级人民法院于是做出（2012）西民四初字第 438 号民事判决：（1）确认广电公司 2012 年 5 月 10 日收取原告吴某数字电视节目费 15 元的行为无效；（2）广电公司于本判决生效之日起十日内，返还吴某 15 元。

关于广电公司在向吴某提供服务时是否构成搭售的问题，《中华人民共和国反垄断法》第十七条第五项规定，禁止具有市场支配地位的经营者没有正当理由搭售商品。本案中，根据原审法院查明的事实，数字电视基本收视维护费 75 元及数字电视节目费 15 元的事实，可以认定广电公司实际上是将数字电视基本收视节目和数字电视付费节目捆绑在一起向吴某销售，并没有告知吴某是否可以单独选购数字电视基本收视服务的服务项目。

广电公司利用其市场支配地位，将数字电视基本收视维护费和数字电视付费节目费一起收取，客观上影响了消费者选择其他服务提供者提供的相关数字付费节目，也不利于其他服务提供者进入电视服务市场，对市场竞争有不利的影响。因此，法院认定其违反了《中华人民共和国反垄断法》第十七条第五项之规定。

近年，因涉嫌垄断，被责令停止相关行为，甚至面临处罚的执法、司法案件层出不穷，这为经营者的日常经营以及投资并购行为敲响了警钟，经营者需要时刻警惕各类垄断风险。

《中华人民共和国反垄断法》是市场经济国家调控经济的重要政策工具，制订并实施反垄断法是大多数国家或地区（以下称司法辖区）保护市场公平竞争、维护市场竞争秩序的普遍做法。

企业如违反《中华人民共和国反垄断法》，可能面临高额罚款、罚金、损害赔偿诉讼和其他法律责任，企业相关负责人也可能面临罚款、罚金甚至刑事责任等严重后果。加强反垄断合规建设，可以帮助企业识别、评估和管控各类反垄断法律风险。

二、反垄断合规风险重点内容

反垄断合规风险，是指企业违反反垄断法，从而造成不利后果的风险。

2018年11月，国资委印发的《中央企业合规管理指引（试行）》第十三条第一款明确规定，反垄断是市场交易中的合规重点。

2018年12月，国家发展改革委等七部门联合印发《企业境外经营合规管理指引》，该指引第七条规定企业在境外投资中，要掌握反垄断等方面的具体要求，第九条则是规定企业在境外日常经营中，掌握反垄断等方面的具体要求。

企业违反反垄断法的，作为反垄断执法机关的国家市场监督管理总局或其授权的地方市场监督管理部门（国市监反垄断〔2018〕265号），可以对企业处以罚款并没收其违法所得。另外，违法行为导致企业缔结的合同无效，并且需要企业赔偿供应商或经销商因此遭受的损失。反垄断处罚和赔偿，不仅减少了企业的市场价值，而且损害了企业的声誉，影响了企业长期的可持续发展。

反垄断合规风险，既可能在企业横向和纵向合作中产生，也可能在企业实施单方商业行为时，引发反垄断法合规风险。垄断行为发生之后，企业如何应对违规行为以缓解风险和减少损失，也是反垄断合规管理的组成部分。

以反垄断合规风险涉及的具体法律问题为标准，反垄断合规风险可以分为三类，分别是垄断协议的合规风险、滥用市场支配地位的合规风险和经营者集中控制的合规风险。

以反垄断合规风险涉及的企业经营行为为标准，反垄断合规风险主要有四类，即合同、分销、兼并与收购，以及单方面的商业行为。它们涉及企业与他人合作生产、研发、采购和分销商品，收购其他企业或设立合资公司，单方面执行商业策略以及应对反垄断执法机关的突击检查等。

1．合同风险

企业合作是市场经济中常见的竞争方式，是社会分工的必然结果。企业主要通过合同明确合作的内容，即他们的权利和义务。合同的商业条款有可能就属于排除、限制竞争的条款，被反垄断法禁止。反垄断法规制的条款包括竞争者之间和非竞争者之间达成的协议。当然，竞争者之间的合同构成垄断协议的风险要比非竞争者之间的高很多，是反垄断合规的中心。

常见的垄断行为是企业通过协议协调商品价格、数量等方面的竞争因素。另外，企业在从事研发、采购、销售、竞标等活动时，以合作的方式从事联合经营的行为也是市场经济的常态。

2．分销风险

企业由于受到财力、能力和经验等诸多方面的限制，往往会借助经销商或中间商销售其商品。供应商和经销商达成的销售商品协议属于分销协议，即非竞争者之间的协议。典型的分销协议会对诸如商品销售价格、区域、客户、售后服务进行限制，而这些限制有可能会排除、限制相关市场的竞争，产生垄断风险。

3．兼并与收购风险

企业兼并与收购是企业间融合程度更高的合作方式。企业通过兼并与收购的方式，取得对另一个企业的控制权、对后者的经营政策施加决定性的影响的能力或指示权。

因为兼并与收购导致两个或多个企业融为一体，市场上的竞争者数量变少，可能对整个市场的竞争产生不利的影响，所以《中华人民共和国反垄断法》要求，达到一定门槛的兼并与收购在实施之前，必须到商务部申报。商务部不予禁止交易的，企业才可以执行兼并与收购协议。

4．单方面的商业行为

具有市场支配地位的企业，有能力在不与竞争者联合或无视交易伙伴的情况下，单方面决定交易条件。在这种情况下，具有市场支配地位的企业制定的涉及价格、数量、搭售等方面的商业政策，可能会违反《中华人民共和国反垄断法》，产生反垄断合规风险。

三、反垄断合规管理的要点

企业，尤其是大型企业设置境外反垄断合规管理部门或者岗位，或者依托现有的合规管理制度，开展境外反垄断合规管理专项工作。

反垄断合规管理部门和合规管理人员，可以按照国务院反垄断委员会发布的《经营者反垄断合规指南》履行相应职责。企业可以对境外反垄断合规管理制度进行定期评估，该评估可以由反垄断合规管理部门实施或者委托外部专业机构协助实施。

1. 熟悉反垄断调查方式

境外反垄断调查方式，包括收集有关信息、复制文件资料、询问当事人及其他关系人（如竞争对手和客户）、现场调查、采取强制措施等。部分司法辖区还可以开展"黎明突袭"，即在不事先通知企业的情况下，突然对与实施涉嫌垄断行为相关或者与调查相关的必要场所进行现场搜查。

在"黎明突袭"期间，企业不能拒绝持有搜查证、搜查授权或者决定的调查人员进入企业。调查人员可以检查在搜查证、搜查授权或者决定范围内的一切物品，可以查阅、复制文件，根据检查需要可以暂时查封有关场所，询问员工等。此外，在有的司法辖区，反垄断执法机构可以与边境管理部门合作，扣留和调查入境的被调查企业员工。

2. 配合境外反垄断调查

各司法辖区，对于配合反垄断调查和诉讼以及证据保存均有相关规定，一般要求相关方不能拒绝提供有关材料或信息，而对提供虚假或者误导性信息、隐匿或者销毁证据，开展其他阻挠调查和诉讼程序并因此带来不利后果的行为，以及对于不配合调查的行为，也规定了相应的法律责任。

企业可以根据需要，由法务部门、外部律师、信息技术部门事先制定应对现场检查的方案和配合调查的计划。在面临反垄断调查和诉讼时，企业可以制定员工出行指南，确保员工在出行期间，发生海关盘问、搜查等突发情况时，能够遵守企业合规政策要求，同时保护其合法权利。

3．境外反垄断诉讼

企业在境外也可能面临反垄断诉讼。反垄断诉讼，既可以由执法机构提起，也可以由民事主体提起。比如，在有的司法辖区，执法机构可以向法院提起刑事诉讼和民事诉讼；直接购买者、间接购买者也可以向法院提起诉讼，同时，这些诉讼也有可能以集团诉讼的方式提起。

在有的司法辖区，反垄断诉讼，包括对反垄断执法机构决定的上诉，以及受损害主体提起的损害赔偿诉讼、停止垄断行为的禁令申请，或者以合同内包含违反竞争法律的限制性条款为由，对该合同提起的合同无效诉讼。

不同司法辖区的反垄断诉讼，涉及程序复杂，耗时较长，有的司法辖区可能涉及范围极为宽泛的证据开示。企业在境外反垄断诉讼中一旦败诉，将面临巨额罚款或者赔偿、责令改变商业模式，甚至承担刑事责任等严重不利后果。

4．境外反垄断风险识别

企业可以根据境外业务规模、所处行业特点、市场情况、相关司法辖区反垄断法律法规以及执法环境等因素，识别企业面临的主要反垄断风险。

（1）可能与垄断协议有关的风险。企业在境外开展业务时，应当高度关注以下行为，其可能产生与垄断协议有关的风险。

① 与竞争者接触相关的风险。比如，企业员工与竞争者员工之间在行业协会、会议以及其他场合的接触；竞争企业之间频繁的人员流动；通过同一个供应商或者客户交换敏感信息等。

② 与竞争者之间的合同、股权或其他合作相关的风险。比如，与竞争者达成合伙或者合作等可能排除、限制竞争的协议。

③ 在日常商业行为中，与某些类型的协议或行为相关的风险。比如，与客户或供应商签订包含排他性条款的协议；对客户转售价格的限制等。

（2）可能与滥用市场支配地位有关的风险。企业应当对从事经营活动的市场、主要竞争者和自身市场力量做出评估和判断，并以此为基础，评估和规范业务经营活动。当企业在某一市场中具有较高市场份额时，应当注意其市场行为的商业目的是否为限制竞争，行为是否对竞争造成不利影响，避免出现滥用市场支配地位的风险。

（3）可能与经营者集中有关的风险。在开展相关交易前，企业应当全面了解各相关司法辖区的申报要求，充分利用境外反垄断执法机构的事前商谈机制，评估申报义务并依法及时申报。

5. 境外反垄断风险评估

企业可以根据实际情况，建立境外反垄断法律风险评估程序和标准，定期分析和评估境外反垄断法律风险的来源、发生的可能性以及后果的严重程度等，明确风险等级，并按照不同风险等级，设计和实施相应的风险防控制度。评估可以由企业反垄断合规管理部门组织实施或者委托外部专业机构协助实施。

6．境外反垄断合规报告

企业可以建立境外反垄断合规报告机制。反垄断合规管理部门可以定期向企业决策层和高级管理层汇报境外反垄断合规管理情况。当发生重大境外反垄断风险时，反垄断合规管理机构应当及时向企业决策层和高级管理层汇报，组织开展内部调查，提出风险评估意见和风险应对措施；同时，企业可以通过境外企业和对外投资联络服务平台等渠道向商务部、市场监管总局等政府部门和驻外使领馆报告。

7．境外反垄断合规咨询

境外反垄断合规具有高度复杂性，因此要鼓励企业及员工尽早向反垄断合规管理部门咨询在经营中遇到的境外反垄断合规问题。企业反垄断合规管理部门，可根据需要聘请外部律师或专家协助开展合规咨询，也可在相关司法辖区法律法规允许的情况下，在开展相关行为前，向有关反垄断执法机构进行合规咨询。

8．境外反垄断合规审核

企业可以建立境外反垄断合规审核机制，对企业在境外实施的战略性决定、商业合同、交易计划、经销协议模板、销售渠道管理政策等进行反垄断合规审核。当然，反垄断合规管理部门还可以根据需要聘请外部律师协助评估反垄断法律风险，提出审核意见。

9．境外反垄断合规培训

企业可以对境外管理人员和员工进行定期反垄断合规培训，培训内容包括：相关司法辖区反垄断法律法规、反垄断法律风险、可能导致反垄断法律风险的行为、日常合规行为准则、反垄断调查和诉讼的配合、反垄断宽大制度、承诺制度、和解制度、企业的反垄断合规政策和体系等。

企业可以定期审阅、更新反垄断合规培训内容，也可以通过员工行为准则、核查清单、反垄断合规手册等方式向员工提供书面指导。

四、应对反垄断合规风险的主要方法

1. 应对境内反垄断合规的方法

企业应当了解建立有效的反垄断合规机制的重要性，从而避免违法风险。为了应对境内反垄断合规，可以采用以下方法。

（1）风险评估。垄断违法行为是多种多样的，比如在反垄断法下，诸多互联网平台的"二选一"行为其实与不竞争条款、单一品牌条款、数量强制义务、限定交易对象、忠诚折扣等行为，均可归为同一类行为进行分析，这些行为的违法风险程度以及企业为降低或避免违法风险而采取的措施也具有共性。一套健全的反垄断合规机制，应首先能够识别企业日常经营中的垄断违法风险，并对其作出高、中、低风险等级评估。从企业的合同条款到对外收购策略，从商品或服务销售中与经销商进行的日常沟通到员工在微信群与竞争对手的聊天内容，均可能违反《中华人民共和国反垄断法》。对于企业来说，有效的风险评估的目的是剖析企业市场竞争的政策和行为，并降低违法风险或使其保持在可控的水平。

（2）制定合规政策和程序。企业在对自身的垄断违法风险有了一定的了解之后，为了控制风险，就应制定必要的合规政策或程序。比如，制定明确的书面政策，针对"转售价格维持"或者"搭售"；又如，制定审查投标活动的程序，确保员工不会私自与竞争对手协调投标价格，以便每家企业都能有中标的机会。

（3）畅通内部报告渠道。引发反垄断调查的途径一般主要有如下两个。

① 反垄断执法机构自行发现线索并依职权启动调查。

② 涉嫌垄断的企业，遭到其经销商、供应商、消费者或竞争对手的投诉、举报或吹哨，导致反垄断执法机构对其立案调查。

事实证明，投诉和举报比较集中的企业、行业或问题，往往更易招致反垄断执法机构的关注，甚至最终对相关企业启动调查，并作出处罚。因此，为了避免垄断违法风险出现，企业就要尽早发现自身违法风险的苗头并及早采取应对措施。企业要畅通报告渠道，建立内部报告机制，允许员工或其他第三方提供有关潜在垄断违法风险的信息。比如，设立专门的邮箱或热线电话，并告知员工及上述其他第三方可以实名或者匿名报告，并应采取措施消除举报者的顾虑，对提供内容价值较大的举报者进行奖励。

（4）培训和沟通。企业应当给予员工必要的指导，帮助员工了解具体行为构成或不构成垄断违法行为。企业要为员工安排反垄断知识培训或企业自行制定并向员工发放书面反垄断合规知识手册，帮助他们初步判断，哪些是垄断违法行为，以及在日常工作中哪些行为是需要严格避免的。

（5）并购与新设合营企业。《中华人民共和国反垄断法》规定，对于满足营业额门槛以及控制权变化的并购以及新设合营企业的交易，需要在交易实施前，进行经营者集中申报，取得反垄断局相关的放行决定后方能实施，因此，在企业计划交易的初期，就应当考虑如下问题。

① 该交易是否触发经营者集中申报义务。

② 如果已经触发申报义务，那么更适用简易程序还是普通程序。

③ 如果分步骤交易的话，应在哪个步骤前进行申报。

④ 参与集中经营者的相关市场集中度（市场份额）如何，集中前和集中后的市场竞争情况有何不同。

（6）定期评估效果。有效的企业反垄断合规机制，应该是常态化的。企业既可以在业务发生时进行调整，以便对可能带来的新的反垄断风险进行专项评估，也可以每年或者每几年对合规机制的运行情况，进行一次综合性的评估或者反垄断审计，这其中就包括制作符合企业情况的问卷给相关员工，以了解他们的认知情况是否存在具体疑问以及抽样审查经销合同、合作合同的条款和相关政策。最后形成的评估或者审计报告，能够帮助企业确认其市场竞争行为的反垄断法合规性。

（7）企业最高层的支持。反垄断合规需要企业从上到下的配合，企业领导层对于反垄断合规工作的支持非常重要。高级管理人员应在行为准则、员工会议和其他渠道向员工传递这样的信息，即企业始终重视并努力遵守《中华人民共和国反垄断法》，公平参与市场竞争。

2．应对境外反垄断合规的方法

出现境外反垄断法律风险时，或者境外反垄断法律风险发生后，企业可以根据相关司法辖区的规定以及实际情况，采取相应措施，包括运用相关司法辖区反垄断法中的宽大制度、承诺制度、和解制度等，最大限度地降低风险和负面影响。

（1）宽大制度。一般是指反垄断执法机构对于主动报告垄断协议行为并提供重要证据的企业，减轻或者免除处罚的制度。比如，有的司法辖区，宽大制度可能使申请企业减免罚款并豁免刑事责任；有的司法辖区，第一个申请宽大的企业可能被免除全部罚款，后续申请企业可能被免除部分罚款。申请宽大制度的条件，通常要求企业承认参与相关垄断协议，这可能在后续的民事诉讼中，成为对企业的不利证据，同时也要求企业承担更高的配合调查义务。

（2）承诺制度。一般是指企业在反垄断调查过程中，主动承诺停止或者放弃被指控的垄断行为，并采取具体措施消除对竞争的不利影响，反垄断执法机构经评估后做出中止调查、接受承诺的决定。对于企业而言，承诺决定不会认定企业存在违法行为，也不会处以罚款，但企业后续如果未遵守承诺，可能面临重启调查和罚款的不利后果。

（3）和解制度。一般是指企业在反垄断调查过程中，与执法机构或者私人原告以和解的方式快速结案。在有的司法辖区，涉案企业需主动承认其参与垄断协议的违法行为，以获得最多10%的额外罚款减免。还有的司法辖区，和解行为是包括在民事案件中的，与执法机构或者私人原告达成民事和解协议，或者在刑事案件中，与执法机构达成刑事认罪协议。

第七章 生态环保合规

一、认识生态环保合规

先来看一个案例。

2014年9月至2017年5月，某企业为了节省经营成本，在未开启高浓度废水处理系统的情况下，利用暗管将废水直接排放到长江里，3年共节约经营成本4100万元，之后被环保部门发现。经评估，截止到被发现的当月，治理其造成的环境危害需花费2.55亿元。

当地法院经审理后，要求该企业支付环境修复费用共计4.7亿元，同时，将违法所得的4100万元上交国库，并支付罚金5000万元，该企业一共需支付5.2亿元。

由于罚金和环境修复费用巨大，给该企业的经营带来了严重的财务风险。

这是一起典型的企业为私利而破坏生态环保的案件，企业最终为此支付的成本远超过其违法所得，同时，实际的惩罚结果还对其生存构成了不可估量的威胁。

企业是实现环境、社会和经济三者平衡的市场主体，全球可持续发展目标的实现，有赖于各企业设立和实施企业的可持续发展战略目标，而环保合规管理，能够促进企业实现可持续的发展目标。

企业生态环保合规管理，主要由环保合规管理组织体系、制度体系、环保法律法规梳理与合规义务识别、合规风险评估和应对、合规审查、违规追责、合规监督、合规考核评价以及持续改进等多个部分构成，其内容涵盖企业从项目的决策选址，到开工建设，再到日常生产运营，最后到场地关闭、搬迁等各个方面。生态环保合规管理贯穿企业全生命周期。

在企业日常生产运营中，除了常规要求，环保合规还包括绿色供应链的构建和生态环保信息公开规范等内容。

绿色供应链的构建可推动健全供应商合规管理，能使企业避免因供应商由于生态环保不合规遭受处罚而出现生产材料断供现象，影响生产进度和企业社会声誉，进而保证企业供应链的流畅，树立企业优良的绿色形象。

在生态环保信息公开方面，目前对于列入重点排污单位名录的企业是强制性的，企业如果不公开，将会受到相应处罚；对于其他企业则是自愿性的，企业公开并模范遵守生态环保法律法规，可以得到相应奖励；对于上市公司，证监会和证券交易所还规定了专门的生态环保信息披露义务。

当然，为了快速作出判断和决策，企业在开展环保合规之前，作为企业负责人，尤其是生产型企业的负责人，有必要了解环保服务领域中的专业名词。

1. 环保管家

环保管家是一种新兴的治理生态环保污染的商业模式，是指环保服务企业为政府、园区或企业提供合同式综合环保服务。通常，环保管家的收费标准按照最终帮助企业取得的污染治理成效或收益来确定。

2. 排污许可

排污许可是指生态环保主管部门依照排污企业的申请和承诺，以法律文件的形式发放排污许可证，依法依规规范和限制排污单位的排污行为，并明确生态环保管理要求，同时，依据排污许可证，对排污企业实施监管执法。

3．生态环保管理台账

生态环保管理台账是指排污企业根据排污许可证的规定，将自行监测、落实各项生态环保管理要求等行为的具体记录。生态环保管理台账的形式有两种：电子台账和纸质台账。

4．生态环保影响评价

所谓生态环保影响评价，就是针对人类的生产或生活行为，可能对生态环保造成的影响。在生态环保质量现状监测和调查的基础上，运用模式计算、类比分析等技术手段，对生态环保进行分型、预测和评估，提出预防和减缓不良生态环保影响的措施。

5．生态环保风险

生态环保风险是指，发生突发事件的可能性以及突发生态环保事件造成的危害程度。

6．生态环保风险评价

针对化工建设项目在建设和运行期间，发生的可预测的突发性事件或事故，引起的有毒有害、易燃易爆等物质泄漏，或突发事件产生的有毒有害物质，造成的人身安全与生态环保影响进行评估，所得结果便于企业做出防范、应急和减缓等措施，同时也为生态环保提供决策依据。

7．突发生态环保事件

突发生态环保事件是指，由于污染物排放或自然灾害、生产安全事故等，致使污染物或放射性物质等有毒有害物质进入大气、水体和土壤等生态环保介质，造成或可能造成生态环保质量下降，对公众身体健康和财产安全构成重大威胁和损害；或破坏生态环境，或造成重大社会影响的涉及公共安全的环境事件。

8．突发生态环保事件应急预案

针对可能发生的突发生态环保事件，为了避免或最大限度地减少污染物或其他有害物质进入大气、水体、土壤等环保介质，企业根据提前制定的应对工作机制，开展应急处置工作，最大限度地保障人民群众生命财产安全和环境安全，促进社会全面、协调、可持续发展。

9．污染场地

对潜在污染场地进行调查和风险评估后，确认污染危害超过人体健康或生态环境可接受的风险水平，那么该场地就是污染场地。

10．土壤修复

土壤修复是指采用物理、化学或生物等方法，固定、转移、吸收、降解或特化场地土壤中的污染物，使其含量降低到可接受水平，或将有毒有害的污染物转化为无害物质。

11．清洁生产

清洁生产是指既可满足人们的需要，又能合理使用自然资源和能源，并保护生态环保的实用方法和措施。从本质上来说，清洁生产是一种物料和能耗最少的人类生产活动的规划和管理，可以将废物减量化、资源化和无害化，或消灭在生产过程中，其核心是"节能、降耗、减污、增效"。

12．企业生态环保信用评价

企业生态环保信用评价是指环保部门根据企业生态环保行为信息，按照规定的指标、方法和程序，对企业生态环保行为进行信用评价，确定信用等级，并向社会公开，以供公众监督。

二、环保合规风险的重点内容

生态环保合规管理是企业履行社会责任的重要表现，反映了企业对待生态、自然环境的态度。但目前企业环保合规风险管理并没有被作为一个部门独立出来，甚至还没有专业的机构对此进行规制，导致企业在环保合规风险识别、防范、补救能力方面较差，企业应对环保风险的能力较低。

1．环保合规的主要问题

企业在环保合规方面的主要问题，集中在以下几个方面。

（1）破坏生态环境。企业在生产建设中，以破坏生态环境为代价为自身牟利，破坏性地开发、利用土地资源，因其开发范围较大，对局部的生态系统（植被、地表水、土壤等）产生了较大的伤害和负面影响。

在《河南某生物科技有限公司3万吨／年城镇污水处理污泥堆肥项目环境影响报告表》中提到，该项目占地面积为18.6亩。督察在暗访时发现，该公司实际占地面积约50亩，超出项目用地面积30余亩。该公司生产原料露天堆放发酵，导致山体不断被侵占，造成岩土大面积裸露，水土流失、植被损坏，生态破坏严重。对以上行为，当地相关部门未发现、未查处。该公司环境保护守法意识淡薄，履行主体责任不力，污染问题长期存在，环境污染问题突出。

（2）超标排放，数据造假。有些企业在生产工艺中虽然设计了专门的污水和废气处理装置，但这些设备运营起来会显著增加企业成本，于是在侥幸心理和利益的双重驱使之下，部分企业自行降低污染治理标准，甚至关停污染处理设施，将不符合标准的污水和废气等直接排放到环境中，同时为了应付环保部门的检查，在数据上造假。

2021 年 11 月 1 日，无锡市生态环境综合行政执法局执法人员，对江阴市某棉纺公司开展联合信访调查时发现，该公司废水预处理设施正在运行，废水接管排放口正在排水。执法人员现场采集水样一瓶，委托江阴市环境监测机构检测，该检测机构出具的《监测报告》显示：废水中 COD 浓度为 294 毫克/升，总磷浓度为 1.74 毫克/升，超过《纺织染整工业水污染物排放标准》（GB 4287—2012）中规定的排放浓度限值。

该公司的上述行为违反了《中华人民共和国水污染防治法》第十条"排放水污染物，不得超过国家或者地方规定的水污染物排放标准和重点水污染物排放总量控制指标"和第五十条第一款"向城镇污水集中处理设施排放水污染物，应当符合国家或者地方规定的水污染物排放标准"的规定。

执法人员进行了现场调查和取证，责令该单位立即停止违法行为并依法予以处罚。

（3）环保信用评价处于失信状态。为了在企业中全面推行环保发展理念，国家在全国范围内，推行环保信用评级制度，对于评价表现优异的企业，在政策上给予一定的扶持，如用水、用电等方面的优惠。反之，有些企业在违反环保法规后，长期不予整改，其评价等级为较重失信或严重失信的，政府不仅会取消这些企业的优惠政策，还会对这些企业进行严重的经济惩罚。

2020 年 2 月，某公司计划上马一批新设备，按照程序向银行申请新增贷款。本以为顺风顺水，没想到却被拒绝了。经银行提醒，该公司负责人才想起公司因为被评为"环保不良企业"而影响了申请贷款，于是主动与当地生态环境局联系，进一步了解情况。原来，该公司因 2019 年违反环保法律法规，环保信用等级由此前的"环保良好企业"被降为"环保不良企业"，这一评价结果同步共享到了"xx 省公共信用信息平台"，金融机构按照相关程序启动联合惩戒措施，对该公司实行了贷款限制。

（4）企业产品不符合环保标准。机动车辆、建筑装饰材料、纺织类产品等都要按照国家的环保标准生产和制造，例如，建筑装饰中使用的乳胶漆，可能存在甲醛释放超标的问题；汽车排放的尾气等需符合现行国家标准。企业生产制造的产品不符合环保要求的，也属于典型的不合规行为。

2. 企业生态环保事件隐患排查要点

企业发生生态环保事件后，产生的经济成本和生态环境破坏力度都是巨大的，应当加强生态环保事件的预防。

针对企业生态环保事件隐患排查要点，这里分享三个要点，具体如下。

（1）规范应急预防管理。除了自然灾害等不可抗力原因，多数生态环保事件是由企业的设施设备或管理风险失控引起的，如果没有规范的事件风险控制和应急准备措施，很容易构成责任事件，因此，企业要制定生态环保应急预案机制与备案，不仅是主管部门要求备案所辖范围内的企业，而且各类可能发生生态环保事件的企业均有必要制定应急预案。同时，还要全面落实生态环保安全隐患，排查治理方案与应急演练措施，企业负责人与有关岗位责任人员应当通过演练，明确应急状态下的职责，确保事件防范和应急时履行责任。

（2）立即采取应急处置。首先，在造成或者可能造成突发生态环保事件时，应当立即启动应急预案，企业负责人与有关岗位责任人要立即响应到位；其次，立即按照预案，采取关闭雨水截止阀等措施，切断或控制污染源，防止危害扩大；最后，如实向事发地县级以上生态环保保护主管部门报告信息并服从指挥，及时通报可能受到危害的单位和居民，并接受调查处理。

（3）积极开展事后恢复。企业需要及时采取措施，避免污染扩散、损失扩大，最大限度地减少事件造成的生态环保损失，具体措施如下：积极采取措施收集、拦截污染，避免二次污染造成的损失；积极配合主管部门，开展事件总结和评估工作；主动开展污染修复工作。

三、环保合规管理的要点

随着新《中华人民共和国环境保护法》的实施，以及中央生态环境保护督察的推进和地方环境监管的趋严，企业已经开始逐步加强生态环保合规管理。但是，多数企业在生态环保合规管理体系建设方面，仍然存在欠缺，无法全面有效地抵御所有生态环保违规风险。有些企业未能及时转变意识，在生态环保管理领域，长期对政府部门存在依赖，对生态环保合规重视程度不足。

那么，如何进行环保合规管理呢？

1．企业环保合规文件的梳理和自查

在进行环保检查或督察过程中，很多企业都会被指出缺少哪个环保审批，或审批已经过期等问题，最终引发行政处罚。

其实，只要定期梳理、自查环保合规文件，就能很好地杜绝这类问题。那么，企业该如何进行梳理和自查呢？

（1）排污许可证。排污许可制是我国当前生态环保行政管理的核心制度之一，企业办理排污许可证后，可以在排污许可证中，查询到关于建设项目生产设施、环保设施、排污口、应适用的排放标准等内容。自查顺序如下：查明企业建设项目是否已经办理排污许可证，或是否填报了固定污染源排污登记表。最简单的方法是查询排污许可证公开端系统。如果有排污许可证，就要核对一下发证日期，看看是否在有效期内，是否与实际建设情况保持一致，排放方式和排放标准是否有误。如果没有排污许可证，就要查看相关材料，准备补办。

（2）突发生态环保事件应急预案备案表。突发生态环保事件应急预案是排污企业为防范突发生态环保事件风险，提前制定应急预案的制度。生态环保事件应急预案是生态环保部门执法检查的必经程序，企业必须关注这个问题。同时，企业要将应急预案抓牢、抓实，有效防范企

业经营风险。自查顺序如下：查明企业建设项目有无环保部门盖章的突发环境事件应急预案备案表，如果有，可以组织企业安排责任人员进行学习讨论，确定应急预案的适用性。如果没有，就要尽快准备材料补办。

（3）竣工环保验收监测报告。环保验收监测报告，是企业建设项目竣工后必须制作的合规文件，标志着企业环保"三同时"责任的终结。同时，没有环保验收监测报告的企业的违法状态是"持续"的，不论过去多长时间，生态环保部门都能以此为由，对企业作出行政处罚。自查顺序如下：查明企业建设项目有没有通过竣工环保验收监测报告；是否在全国生态环保影响评价管理信息平台上备案；查询环保验收报告备案情况，如果有，就要进一步向第三方制作单位核实报告的真实性，如有怀疑，就要核实具体的签字专家。如果没有相关验收报告，则要尽快安排补办并做好相关备案。

2．生态环保合规管理的要点

在环保合规管理实践操作中，企业可以按照以下步骤具体实施。

（1）编制环保合规清单。结合企业类型，根据相关法律法规、部门规章、行业规定等，结合编制目的，从涉及企业环保合规的各领域、各部门和各项流程等方面，编制《合规法律依据汇编》《环保合规资料清单》和《问询调查表》，既是梳理企业环保合规管理工作的基本思路，同时也为生态环保尽职调查做准备。

（2）实施生态环保尽职调查。生态环保尽职调查是环保合规管理工作的基础和重点之一，可按以下步骤进行，如表7-1所示。

表7-1　生态环保尽职调查步骤说明

步　骤	说　明
前期沟通	根据生态环保尽职调查范围，制订《工作计划》，明确《工作进度表》
策划准备	根据工作计划，制作《尽职调查清单》，收集整理文件，初步确定主要问题
现场调查	根据资料收集分析，通过现场调查、沟通走访、实地查询等方式，准确地核实和评估问题
报告编制	通过资料分析和现场调查，结合法律规定等，编制《生态环保尽职调查报告》

（3）识别生态环保风险类型。生态环保尽职调查过程，也是发现问题和风险识别的过程。风险类型的识别，是分析及提出应对处理方案的前提，并在此基础上形成企业的《生态环保风险级别分类指引》。不对企业进行全面的生态环保尽职调查，就可能造成风险识别的遗漏，导致环保合规工作管理的缺失，并可能产生严重的后果。

（4）生态环保风险的分析和应对。企业在对生态环保风险类型进行识别后，进行分析和评价，然后根据生态环保风险程度的高低，采用不同的方式来应对处理。

需要注意的是，与其他合规体系的运行一样，环保合规体系的正常运行和发挥功效，需要企业各部门的协同工作，并根据需要定期维护更新，否则，一旦出现新情况或者企业没有对合规体系进行及时更新，就会引发一定的合规风险。

四、应对生态环保合规风险的主要方法

1. 废水处理合规

环保监管与生态环保治理，离不开"水、气、声、渣"四大项，即废水、废气、噪声和废渣。其中，废水治理又是投资最大的一项，因此，废水的治理也就成了很多企业最头疼的事。

现阶段，与生产企业有关的废水，按来源可以分为生活废水与生产废水，具体的处理方法也不同，具体如下。

（1）企业生活废水的处理。生活废水一般产生于员工在厂区内的办公与日常生活中。对生活污水的排放，国家和地方性政策规定的标准比较宽松。通常使用的方法是：企业落实雨污分流工程，办理排水证等相关手续，将生活污水进行预处理，使其达到城市污水处理厂纳污标准，之后进入城市污水处理厂进行深度处理。当然，具体的执行标准还要根据项目具体情况和当地政策等多个因素来确定。

（2）企业生产废水的处理。针对生产废水，有很多处理方法，按处理方式的不同，成本也有所不同。以东莞为例，基本上可以分为自行处理达标后排放、中水回用浓缩液零散废水回收处置、零散废水转移处置等。

① 自行处理达标后排放。采用这种方式，需要企业自建污水处理站。不过，前期基建需要投入较大的成本，对位置空间有一定的要求；运维费用也较高，对进水水质有一定的要求，可能产生次级污染。这种方式一般适合废水产生量大的企业。

② 中水回用浓缩液零散废水回收处置。适合这种方法的企业，有一定的废水排出量，且生产对用水水质要求不高。具体方法是：通过安装的中水回用系统，使车间产生的废水经过处理达到回用水标准，之后直接回用于车间，浓水再以零散废水的形式委托收运处理。这种方法的

缺点在于，中水回用系统设备和运维成本高，回用水水质需要长期持续稳定，达到工艺用水标准才可。

③ 零散废水转移处置。零散工业废水是指，在工业生产过程中，企业以年度为核算周期，日均产生量未超过 3000 千克，且不含危险废物的废水。常见的有水帘柜废水、超声波清洗废水、研磨废水、喷淋废水等。企业将废水处理交给具备专业资质的回收单位回收处置，不用投入大量资金建设污水处理系统，只要按要求设立收集暂存的容器即可，成本投入小、操作方便、灵活度高，不过如果废水量超出合同签订量，就会产生较高的额外处理费用。这种方法只适合废水产生量较少的企业。

2．大气排放物合规

2018 年 1 月 1 日，新版《中华人民共和国环境保护法》正式施行，其对于企业的废水治理、废水处理设施管理，都有了更高的要求，因此，企业要尽力做到大气排放的合规，减少违法行为。

近几年，出现最多的废气排放违法行为有以下几类。

（1）废气无组织排放。废气，一般是人类在生产和生活过程中排出的有毒有害的气体，尤其是化工厂、钢铁厂、制药厂、炼焦厂和炼油厂等排放的废气，会严重污染环境和影响人体健康。

《中华人民共和国大气污染防治法》第四十三条规定：钢铁、建材、有色金属、石油、化工等企业生产过程中排放粉尘、硫化物和氮氧化物的，应当采用清洁生产工艺，配套建设除尘、脱硫、脱硝等装置，或者采取技术改造等其他控制大气污染物排放的措施。

《中华人民共和国大气污染防治法》第四十五条规定：产生含挥发性有机物废气的生产和服务活动，应当在密闭空间或者设备中进行，并按照规定安装、使用污染防治设施；无法密闭的，应当采取措施减少废气排放。

以此为依据，所有能"产生含挥发性有机物废气"的生产和服务活动，都应当在密闭空间或设备中进行，并按照规定安装或使用污染防治设施，如喷漆、刷漆、注塑、热塑封、热冲塑等工艺，同样这些防治设施的安装使用，也必须在密闭空间进行。另外，丙酮、甲苯、二甲苯、二氯甲烷、芳香胺类等挥发性有机物的投料口，以及含此类物质的灌装口，也必须在密闭空间或设备中进行。

属于无组织排放废气的，有以下几类：机加工行业的打磨、焊接等环节，产生的粉尘和废气；喷漆、注塑、压铸、酸洗、钝化、磷化、热塑封、热冲塑、含挥发性化学物质的投料和灌装等工艺产生的废气等。企业一旦出现上述违法行为，就要承担相应的处罚。

《中华人民共和国大气污染防治法》第一百零八条第（五）项规定：钢铁、建材、有色金属、石油、化工、制药、矿产开采等企业，未采取集中收集处理、密闭、围挡、遮盖、清扫、洒水等措施，控制、减少粉尘和气态污染物排放的，由县级以上人民政府环境保护主管部门责令改正，处二万元以上二十万元以下的罚款；拒不改正的，责令停产整治。

《中华人民共和国大气污染防治法》第一百零八条第（一）项规定：产生含挥发性有机物废气的生产和服务活动，未在密闭空间或者设备中进行，未按照规定安装、使用污染防治设施，或者未采取减少废气排放措施的，由县级以上人民政府环境保护主管部门责令改正，处二万元以上二十万元以下的罚款；拒不改正的，责令停产整治。

（2）超标排放大气污染物。顾名思义，超标是指排放的大气污染物超过国家或地方标准。大气污染物的排放量一旦超标，企业就要承担相应的责任。

《中华人民共和国大气污染防治法》第十八条规定：企业事业单位和其他生产经营者建设对大气环境有影响的项目，应当依法进行环境影响评价、公开环境影响评价文件；向大气排放污染物的，应当符合大气污染物排放标准，遵守重点大气污染物排放总量控制要求。

《中华人民共和国大气污染防治法》第九十九条第（二）项规定：超过大气污染物排放标准或者超过重点大气污染物排放总量控制指标排放大气污染物的，由县级以上人民政府环境保护主管部门责令改正或者限制生产、停产整治，并处十万元以上一百万元以下的罚款；情节严重的，报经有批准权的人民政府批准，责令停业、关闭。

《中华人民共和国环境保护法》第五十九条第一款规定：企业事业单位和其他生产经营者违法排放污染物，受到罚款处罚，被责令改正，拒不改正的，依法做出处罚决定的行政机关可以自责令改正之日的次日起，按照原处罚数额按日连续处罚。

（3）以逃避监管的方式排放大气污染物。最常见的逃避监管排放大气污染物的行为有以下四种。

①日常生产过程中故意关闭废气处理设施，导致废气直排。

② 废气处理设施是完好的，可以正常运行，能够取得较好的废气处理效果，但未开启。检查人员到了现场，才开启废气处理设施。

③ 废气处理设施运行不正常，长时间未对废气处理设施的运行情况进行检查，废气处理设施的处理效果达不到要求。

④ 伪造废气处理设施运行记录。为了逃避监管，偷排、篡改或伪造监测数据；为了逃避现场检查而临时停产；非紧急情况下，开启应急排放通道；不正常运行大气污染防治设施等行为。

（4）未按照规定设置大气污染物排放口。企业需要向大气排放污染物的，应当依照法律法规，设置大气污染物排放口。未按照规定设置大气污染物排放口的情形有：排气筒的高度不够，未设置监测采样孔、采样平台和排放标志牌等。

3．噪声合规管理

2022 年，四川省达州市针对娱乐场所、建筑企业等噪声扰民"顽疾"，出台了"史上最严噪声整治方案"。对因噪声超标被处罚 3 次的娱乐场所，由市场监管、文化旅游部门依法吊销其营业执照。对于噪声超标的施工企业，由住房和城乡建设部门进行行政处罚，并将其纳入诚信体系。由此可见，噪声超标对人们日常生活的严重影响。

环境噪声污染是"致命的慢性毒药"，不仅会干扰人们的正常生活、工作和学习，还会严重影响人们的健康。近年来，我国各地环境噪声污染问题越来越严重，噪声诉讼案件持续增多，尤其是 KTV、酒吧等娱乐场所和建筑施工工地。

（1）国家工业企业噪声标准。工业企业噪声标准是：工业企业的生产车间和作业场所的工作地点的噪声标准为 85 分贝。现有的工业企业经过努力，暂时达不到这个标准时，可以适当放宽，但不能超过 90 分贝。企业如果造成了噪声污染，需要承担赔偿责任。

（2）工业噪声的分类。工业噪声通常被分为以下几类，如表 7-2 所示。

表 7-2　工业噪声分类

标　　准	分　　类	说　　明
声源产生的方式	空气动力性噪声	这种噪声由气体振动产生。气体中存在涡流或发生压力突变时引起的气体扰动，如通风机、鼓风机、空压机、高压气体放空时，产生的噪声
	机械性噪声	由机械撞击、摩擦、转动而产生的噪声，比如破碎机、球磨机、电锯、机床等发出的噪声
	电磁性噪声	由磁场脉动、电源频率脉动引起电器部件振动而产生的噪声，比如发电机、变压器、继电器产生的噪声
噪声的性质	稳态噪声	如果声音或噪声在较长一段时间内保持恒定不变，这种噪声就是稳态噪声
	脉冲噪声	如果噪声随时间变化时大时小，这种噪声就是脉冲噪声。对人耳的伤害更大

（3）工业噪声的危害。工业噪声的危害主要体现在以下几个方面。

① 影响休息和工作。人们休息时，要求环境噪声小于 45 分贝，如果环境噪声大于 63.8 分贝，就很难入睡。噪声不仅会分散人的注意力，让人感到疲劳，反应迟钝，影响工作效率，还会使工作出差错。

② 对听觉器官造成损伤。人类听觉器官的适应性具有一定的限度，如果长期在强噪声下工作，就会引起听觉疲劳，导致听力下降。长期在强噪声中生活或学习，耳器官就会发生器质性病变，导致噪声性耳聋。

③ 引起心血管系统病症。噪声可以使交感神经紧张，表现为心跳

加快、心律不齐、血压波动、心电图测试阳性增高。

④ 对神经系统产生影响。噪声会引发神经衰弱症候群，如头痛、头晕、失眠、多梦、记忆力减退等。此外，噪声还能引起胃功能紊乱，视力降低。当噪声超过生产控制系统报警信号的声音时，就会淹没报警音响信号，引发事故。

4．固体废物管理合规

根据来源的不同，可以将固体废物分为工业固体废物、医疗废物、生活垃圾、建筑垃圾、农业固体废物等。按照污染特性，又可以将其分为一般固体废物和危险废物，如医疗废物、化工废液、农药污泥等。

（1）履行固体废物管理的合规义务。在固体废物的产生、收集、贮存、运输、利用、处置等过程中，企业都要履行相应的合规义务。

① 依法产生、收集和贮存管理固体废物。

a. 依法进行生态环保影响评价。企业要将固体废物污染生态环保防治的内容，纳入生态环保影响评价文件，建设配套的固体废物污染环境防治设施，与主体工程同时设计、同时施工、同时投入使用。同时，还要向社会公开验收报告。

b. 不能在特别保护区域内建设贮存、利用、处置等设施和场所。任何企业都不能在生态保护红线区域、永久基本农田集中区域和其他需要特别保护的区域内，建设工业固体废物、危险废物集中贮存、利用、处置的设施和场所以及生活垃圾填埋场。

② 依法运输、利用和处置固体废物。只有经过批准的固体废物，才能转移出省、自治区和直辖市。企业应先向移出地的省级人民政府生态环保主管部门提出申请，经批准后，才能将固体废物转移出省级行政区域，进行贮存和处置。企业转移固体废物出省级行政区域利用的，应当向移出地省级人民政府生态环保主管部门备案。

a. 企业不能擅自倾倒、堆放、丢弃、遗撒固体废物。企业应当采取防扬散、防流失、防渗漏或其他防止污染环境的措施，不能擅自倾倒、堆放、丢弃、遗撒固体废物，不能向江河、湖泊、运河、渠道、水库及其最高水位线的滩地和岸坡等地点倾倒、堆放、贮存固体废物。

b. 企业不能将境外的固体废物进境倾倒、堆放、处置。2020 年 11 月 24 日，生态环境部、商务部、发展改革委、海关总署联合发布了《关于全面禁止进口固体废物有关事项的公告》。自此，生态环境部停止受理和审批限制进口类可用作原料的固体废物进口许可证的申请，任何企业都不能以任何方式进口固体废物，不能将我国境外的固体废物进境倾倒、堆放或处置。

③ 其他合规义务。企业要做好防治固体废物污染生态环保的相关设施、设备和场所的管护，保证正常运行和使用；对于产生、收集、贮存、运输、利用、处置固体废物的企业，要依法及时公开固体废物污染生态环保的防治信息，主动接受社会监督；对于利用、处置固体废物的企业，应当依法向公众开放设施和场所，提高公众生态环保保护意识和参与程度。

（2）固体废物合规管理的要点。关于固体废物合规管理，需要遵循以下要点，如表7-3所示。

表7-3　固体废物合规管理要点

固体废物合规管理	说　明
建筑垃圾合规管理	施工企业应当拟定建筑垃圾处理方案，采取污染防治措施，并报县级以上地方人民政府环境卫生主管部门备案。 对于施工过程中产生的建筑垃圾等固体废物，应当及时清运，不能擅自倾倒、抛撒或者堆放
农业固体废物合规管理	产生秸秆、废弃农用薄膜、农药包装废弃物等农业固体废物的企业，应当采取回收利用和其他防止污染生态环保的措施。 从事畜禽规模养殖的企业，要及时收集、贮存、利用或处置养殖过程中产生的畜禽粪污等固体废物，以免造成生态环保污染。 企业不能在人口集中地区、机场周围、交通干线附近以及当地人民政府划定的其他区域，露天焚烧秸秆
电子产品合规管理	生产电器电子、铅蓄电池、车用动力电池等产品的企业，应该按照规定，以自建或委托等方式，建立与产品销售量相匹配的废旧产品回收体系，并向社会公开。 企业回收、拆解废弃机动车船等，应当具备规定的条件。 企业拆解、利用、处置废弃电器电子产品、废弃机动车船等，应当遵守有关法律法规的规定，采取一定的措施，有效防止生态环保污染
产品和包装物合规管理	企业设计、制造产品和包装物，应当遵守国家有关清洁生产及限制商品过度包装的强制性标准，以免过度包装。 生产、销售、进口依法被列入强制回收目录的产品和包装物的企业，应该按照国家有关规定，对该产品和包装物进行回收。 电子商务、快递、外卖等行业，应当优先采用可重复使用、易回收利用的包装物，优化物品包装，减少包装物的使用，并积极回收利用包装物
一次性用品合规管理	按照国家有关规定，企业不能生产或限制生产、销售和使用不能降解的塑料袋等一次性塑料制品。 商品零售场所开办企业、电子商务平台企业、快递企业和外卖企业，应当按照国家有关规定，向商务、邮政等主管部门报告塑料袋等一次性塑料制品的使用和回收情况。 旅游、住宿等行业，按照国家有关规定，不能主动提供一次性用品

续表

固体废物 合规管理	说　　明
污泥合 规管理	城镇污水处理设施维护运营企业或污泥处理企业，要安全处理污泥，保证处理后的污泥符合国家有关标准，对污泥的流向、用途和用量等进行跟踪或记录，并报告给城镇排水主管部门、生态环境主管部门。不能擅自倾倒、堆放、丢弃、遗撒城镇污水处理设施产生的污泥，不能将重金属或其他有毒有害物质含量超标的污泥倾倒到农用地

第八章　安全生产合规

一、安全生产不合规的危害

先来看一个案例。

2021 年 10 月，浙江省杭州市萧山区人民法院一审依法公开开庭审理，并当庭宣判一起危险作业犯罪案件，被告人杨某犯危险作业罪，被判处有期徒刑七个月，缓刑一年。

2021 年 4 月，执法人员对浙江某科技发展有限公司进行执法检查时发现，该公司位于萧山区某村的仓库内，存储有雅士利家居木器漆 2380 千克、泽丰园家具漆 1334 千克等 11 类危险化学品，且仓库西北侧距离民用建筑仅 11.52 米，而且该公司实际控制人杨某亦未取得危险化学品经营许可。

经鉴定，上述物品均系危险化学品。经专家分析认定，该仓库未经设计、审批，存在安全设施设置不到位、安全条件不具备等多处事故隐患，不具备危险化学品存储条件，极易导致火灾、爆炸等事故，具有现实危险性，一旦发生火灾、爆炸，后果不堪设想。

案发后，杨某在接听公安机关电话通知后主动到案，如实供述了其在 2021 年 1 月至 4 月 2 日，将陆续收购的油漆、固化剂等存放在其租赁的仓库内的事实，后杨某按照相关部门要求妥善处理了涉案危险化学品。

法院审理后认为，被告人杨某擅自从事危险物品储存的高度危险的生产作业活动，具有发生重大伤亡事故或者其他严重危害的现实危险，其行为已构成危险作业罪。鉴于被告人杨某有自首情节，且自愿认罪认罚，根据其认罪态度和犯罪情节，遂依法作出上述判决。

危险作业罪是 2021 年 3 月 1 日起施行的《中华人民共和国刑法修正案（十一）》新增设的罪名。该罪与《中华人民共和国刑法》第二编的第二章"危害公共安全罪"中所规定的罪名有以下三点不同。

第一，以往的事故类犯罪，均以实际造成重大事故或其他严重后果，作为犯罪成立条件，而本罪的核心要件在于，违反安全管理的规定达到严重后果的现实危险，规定的是危险犯罪，不要求实际发生生产、作业事故。

第二，以往的事故类犯罪，多是针对特定行业、领域、主体及职责等作出的裁定，而本罪可针对跨领域、跨行业的"复合型"安全事故犯罪。

第三，因安全生产事故环节多、链条长、时间久，事故类犯罪多为过失犯罪，既不能适用共同犯罪的规定，法定量刑幅度也有限，难以完全体现不同环节特点和责任大小，所以，该罪的新增，有利于罪责刑相适应和预防、减少安全事故的发生。

无论是满足合规要求还是解决实际的安全生产问题，工业安全早已成为企业不容忽视的问题，随着我国传统产业数字化进程的加快，必将涌现更多的工业安全需求。

对企业来说，安全生产工作是其生存与发展的"生命线"，没有安全就谈不上效益，更谈不上发展。一旦发生事故，企业往往要承担或多或少的经济损失，甚至发生人员伤亡的惨痛悲剧。同时，事故的发生也会造成职工人心不稳、工作难以推进、企业形象受损等后果，不利于企业未来的长久发展。

1．生产安全隐患

作为生产经营活动的实际承担者，企业必须严格按照法律法规和相关制度标准，落实安全生产主体责任，以安全保生存，以安全促发展，走出一条安全发展、健康发展的康庄大道。

（1）人为隐患。在制造企业中，人的不安全行为是引起事故的重要原因，也是事故隐患的重要体现形式。因为人的行为是会受到心理、生理等不同因素干扰的，表现各不相同。比如，有关工作人员不了解设备操作的潜在危险，没有严格按照操作规程执行，缺乏自我保护意识与处理意外事故的能力，导致出现一定的损伤与损失。

（2）设备设施隐患。设备设施的运行状态是否良好，是决定生产安全与否的重要基础与前提。在制造企业生产中，设备设施主要包括机械设备、原辅材料、作业环境、排出物、所有工具等。设备设施的不安全状态指的就是生产过程中，客观存在的风险与事故隐患。比如，机械设计不合理、安全系数不高、不符合安全生产要求、计算错误等；制造过程中，工艺方法错误、安全防护措施不到位、安全装置坏损、作业条件超出安全极限、个别工作人员的野蛮操作等，这些均会引发安全事故。

（3）安全管理不到位隐患。在制造企业生产过程中，领导人员的安全意识薄弱，安全管理机构与相关人员配备不足，无法对机械设备进行有效的监管，导致当机械设备运行发生故障的时候，无法在第一时间进行有效处理。同时，缺乏对工作人员的安全教育与培训，相关安全制度落实不到位，造成管理混乱，影响了制造企业的安全生产。

2．明确安全管理的目标

企业要建立安全管理体系，健全各项安全生产规章制度并严格执行。企业安全管理的目标，从逻辑上讲有以下三个方面。

（1）保证物的安全状态。企业要保证生产作业场所、设备等硬件，能在绝大部分时间内满足安全条件，即使出现设备设施和环境条件不满足安全技术标准的情形，企业也能通过管理系统的运作，在短时间内予以纠正。这是企业需要建立安全隐患排查、机器维修保养等方面规章制度的根源所在。

（2）保证人的安全行为。企业要保证每个员工都知晓自己工作岗位上存在的危险和隐患因素，知晓如何采取正确的行为或措施规避它们。这是企业需要制定岗位操作规程，建立安全教育培训制度，制定应急预案并进行演练的根源所在。

（3）重视留痕管理。为了自己的利益着想，企业还应该做到：小企业的安全管理要不要规范化，或者能不能灵活一点，大家一起商量着来？这当然都是可以的，但要注意的是，对企业而言，一定程度的"形式主义""留痕管理"必不可少。企业为了防止发生事故后被追责，必须能证明自己在事前已经履行了法定的安全生产管理职责，必须要有程式化的安全管理和过程"留痕"。

二、安全生产合规风险重点内容

根据应急管理部 2022 年 7 月例行的新闻发布会上披露的数据，

2022 年上半年全国共发生各类生产安全事故 11 076 起，死亡 8870 人。安全生产形势总体稳定，呈现"三个下降"的特点，即生产安全事故总量、重大事故、较大事故同比下降，但部分地区和行业领域事故多发，安全生产形势依然严峻复杂。

企业在生产经营过程中面临的安全生产合规风险，轻则面临行政处罚，重则面临刑事追诉，触碰安全生产红线的代价不可估量。

在新版《中华人民共和国安全生产法》中，多处规定相关违法行为"构成犯罪的，依照刑法有关规定追究刑事责任"。新修订的《中华人民共和国刑法》（以下简称"新《刑法》"）已于 2021 年 3 月 1 日开始实施。

1. 新《刑法》中涉及生产经营单位及人员安全生产相关刑事责任的罪名

本次新《刑法》中，涉及生产经营单位及人员安全生产相关刑事责任的罪名简述如下。

（1）重大责任事故罪。重大责任事故罪是指，工厂、矿山、林场、建筑企业或者其他企业、事业单位的职工，由于不服从管理、违反规章制度，或者强令工人违章冒险作业，因而发生重大伤亡事故或者造成其他严重后果的行为。重大责任事故罪在客观方面有两种表现形式，具体如下。

① 行为人在生产、作业活动中，不服管理、违反规章制度，发生重大伤亡事故或造成其他严重后果，即一般职工本人直接违反规章制度，造成严重后果的行为。

a."不服管理"是指企业职工不服从本单位安全生产的要求或不服

从单位领导有关安全生产方面的工作安排。

b."违反规章制度"是指违反有关生产安全方面的操作规程、劳动纪律和劳动保护等规定。

c."不服管理"与"违反规章制度"的表现形式多种多样，既可以表现为作为，比如擅自移动安全生产的标志、开关、信号，在禁火区生产时使用明火作业等，也可以表现为值班时外出游玩、睡觉打盹、精神不集中等。

② 行为人在生产、作业活动中，强令工人违章冒险作业，发生重大伤亡事故或者造成其他严重后果的，即有关生产、工作指挥、管理人员利用职权强令职工违章冒险作业。在这种表现形式中，首先是工人不愿听从生产指挥、管理人员的违章冒险作业的命令；其次是生产指挥、管理人员利用自己的职权，强迫命令工人在违章的情况下冒险作业，即强迫工人服从其错误的指挥，而工人不得不违章作业。在这种情况下，虽然工人客观上违章作业，但由于违章作业不是工人本人的意愿，而是被指挥、管理人员强迫去违章作业，因此，有关部门不会追究被强迫违章作业的工人的刑事责任，而是要追究违章指挥人员的刑事责任。

（2）强令、组织他人违章冒险作业罪。强令冒险作业是指，负有生产、作业指挥和管理职责的人员，为了获取高额利润，明知存在安全生产隐患，或者为了获得高额利润，采取违反安全管理规定的行为。在生产、作业人员拒绝的情况下，利用职权或者其他强制手段强令工人冒险作业，因而发生重大伤亡事故或者造成其他严重后果。

这里的"强令"不一定表现为恶劣的态度、强硬的语气或者行动，只要是利用组织、指挥、管理职权，能够对工人产生精神强制、使其不敢违抗命令，不得不违章冒险作业的，就可以构成"强令"。新《刑法》在"强令违章冒险作业罪"的基础上增设"组织他人违章冒险作业罪"，即"明知存在重大事故隐患而不排除，仍冒险组织作业"。新《中华人民共和国安全生产法》规定，国务院应急管理部门和其他负有安全生产监督管理职责的部门，负责制订相关行业、领域重大事故隐患的判定标准，因此，是否符合新《中华人民共和国安全生产法》中规定的作业要求，是否存在符合标准的重大事故隐患，是判断是否构成该罪的重要依据。

（3）危险作业罪。危险作业罪是指在生产作业中，若有违反安全管理规定的，有《中华人民共和国刑法》规定的情形之一的，发生重大伤亡事故或者其他严重后果的现实危险的，都要判处一年以下有期徒刑，并处以罚金。比如，关闭、破坏直接关系生产安全的监控、报警、防护、救生设备、设施，或篡改、隐瞒、销毁其相关数据、信息的；因存在重大事故隐患被依法责令停产停业、停止施工、停止使用有关设备、设施、场所，或者立即采取排除危险的整改措施而拒不执行的；涉及安全生产的事项未经依法批准或者许可，擅自从事矿山开采、金属冶炼、建筑施工，以及危险物品生产、经营、储存等高度危险的生产作业活动的。

新《中华人民共和国安全生产法》强调，要"从源头上防范化解重大安全风险"，并规定生产经营单位在进行爆破、吊装、动火、临时用电以及其他危险作业时，应当安排专门人员进行现场安全管理，确保操作规程的遵守和安全措施的落实，否则可能被处罚或构成相应刑事责任。虽然没有发生实际事故，但具有发生严重后果的现实危险的行为，也可能承担刑事责任。新《刑法》增设"危险作业罪"正是这一理念的反映。该罪名以违反安全管理规定为前提，只要存在现实危险就可能构成犯罪，不以发生重大伤亡事故或者其他严重后果为必要条件。

（4）提供虚假证明文件罪、出具证明文件重大失实罪。提供虚假证明文件罪是指，承担资产评估、验资、验证、会计、审计、法律服务、保荐、安全评价、环境影响评价、环境监测等职责的中介组织及其人员，故意提供虚假证明文件且情节严重的行为。

刑事责任不仅涉及生产经营单位及员工，也涉及提供专业支持服务的其他中介机构及人员。新《中华人民共和国安全生产法》规定，承担安全评价、认证、检测、检验职责的机构，出具失实报告的，责令停业整顿，并处罚款。相比于原有规定的"出具虚假证明""出具失实报告"的不同点在于，前者的主观方面为故意，而后者的主观方面则为过失，这样就对评估机构设定了更高的要求。

2．安全生产义务与行政责任

行政责任是制裁、处罚生产经营单位及其员工违反新《中华人民共和国安全生产法》行为的常见形式，了解企业与人员的安全生产义务及潜在的行政责任风险，对于企业安全生产合规至关重要。

（1）重要的管理制度或者人员缺失。新《中华人民共和国安全生产法》提高了企业的安全生产管理制度和人员的配备要求，主要体现在：补充要求危险物品的装卸单位，设置安全生产管理机构或者配备专职安全生产管理人员，应当有注册安全工程师从事安全生产管理工作；装卸单位主要负责人和安全生产管理人员，应具有合格的安全生产知识和管理能力，否则，将被责令限期改正、处以罚款甚至责令停产停业整顿。

（2）不符合安全生产条件或者存在重大事故隐患。新《中华人民共和国安全生产法》规定，存在重大事故隐患等情形的企业，可以依法予以关闭，限制其负责人担任任何生产经营单位的主要负责人，甚至终身不能担任本行业生产经营单位的主要负责人。具体情形包括以下四点。

① 存在重大事故隐患，180 日内 3 次或者一年内 4 次，因违反新《中华人民共和国安全生产法》而被行政处罚的。

② 经停产停业整顿，仍不具备法律、行政法规和国家标准或者行业标准规定的安全生产条件的。

③ 不具备法律、行政法规和国家标准或者行业标准规定的安全生产条件，导致发生重大、特别重大生产安全事故的。

④ 拒不执行负有安全生产监督管理职责的部门作出的停产停业整顿决定的。

（3）未采取措施消除事故隐患。对于生产经营单位未按照规定，采取措施消除事故隐患的，新《中华人民共和国安全生产法》在责令立即消除或限期消除的基础上，增加了罚款处罚，同时，提高了相关责任人员的罚款金额。

（4）企业内部人员未履行法定的安全生产职责。单位主要负责人未履行法律规定的安全生产管理职责，新《中华人民共和国安全生产法》不仅规定可以对其处以罚款、撤职，甚至可以限制其担任任何生产经营单位的主要负责人或终身不能担任本行业生产经营单位的主要负责人；而对于其他责任人和安全生产管理人员，则可以责令限期改正、罚款、暂停或者吊销其与安全生产有关的资格。

（5）中介服务机构出具失实报告或虚假报告。中介服务机构出具失实报告或虚假报告，根据新《中华人民共和国安全生产法》规定，除经济处罚之外，还可以责令其停业整顿、吊销相应资质和资格、限制从业，甚至实行终身行业和职业禁入。此外，新《中华人民共和国安全生产法》还将"租借资质、挂靠"行为也列入处罚范围。

（6）企业发生生产安全事故。生产经营单位如发生安全事故，企业可能会被关闭、吊销其有关证照等，主要负责人可能会被撤职、处以罚款等。如果是个人经营的投资人，也可能会被处以罚款。

新《中华人民共和国安全生产法》大幅提高了对安全事故的处罚力度，除提高了单位罚款金额外，对情节特别严重、影响特别恶劣的，还可以处以一般罚款金额二到五倍的惩罚性罚款。企业主要负责人未履行安全生产管理职责，导致发生生产安全事故的，最高可被处以上一年年收入100%的罚款。

3. 安全生产义务与民事责任

安全生产义务相关的民事责任，包括侵害具体权利人的民事赔偿和侵害公众利益的民事公益诉讼两类。

（1）侵害具体权利人的民事赔偿。生产经营单位发生生产安全事故后，企业有及时采取措施救治有关人员的义务。因生产安全事故受到损害的从业人员，依照有关民事法律尚有获得赔偿的权利的，有权提出赔偿要求。此外，安全生产领域下的民事责任，多由于安全生产单位违反安全生产制度，实施民事侵权行为，对员工或第三人造成人身、财产的损害，安全生产单位为此应承担相应的民事赔偿责任。

除了生产经营单位，安全评价、认证、检测、检验机构出具失实报告的，除应承担罚款等行政责任外，给他人造成损害的，依法承担赔偿责任。

（2）侵害公众利益的民事公益诉讼。生产安全事故和重大事故隐患涉及国家利益和社会公共利益，新《中华人民共和国安全生产法》对安全生产领域的公益诉讼制度做出了明确规定。因安全生产违法行为造成重大事故隐患或者导致重大事故，致使国家利益或者社会公共利益受到侵害的，人民检察院可以根据民事诉讼法、行政诉讼法的相关规定，提起公益诉讼。

三、安全生产合规管理要点

企业安全生产合规管理要点有以下五个方面。

1. 建立安全风险评估管理制度

企业要建立安全风险评估管理制度，明确安全风险评估的目的、范围、频次、准则和工作程序等，进而选择工程技术措施、管理控制措施、个体防护措施等，对安全风险进行控制。

（1）成立安全风险评估领导机构，并针对不同的工作任务，下设专门风险评估小组，小组成员应由熟悉风险评估基本方法的不同层次的人员组成。

（2）危险源辨识。采用工作任务分析法或事故树分析法，并针对人、机、环、管四个方面进行。

（3）风险评估。采用矩阵法进行评估，评估结果应按照特大、重大、中等、一般、低五个级别进行分类。

（4）在组织危险源辨识和安全风险评估前，要对参与辨识、评估的人员进行专题培训。

（5）辨识和评估时，应组织基层一线员工、班组长、股队长、技术人员、管理人员对生产系统和作业活动过程中的危险源进行认真细致的辨识和评估，根据不同等级的风险，应制定有针对性的管理标准和管理措施。

（6）当系统、工艺、设备、作业环境发生改变时，应及时组织危险源辨识和风险评估。

（7）当出现紧急情况或事故发生后，应及时进行危险源再辨识和风险再评估。

（8）每班工作前，跟班安检员、管理人员和班组长，要组织当班人员对本班工作任务进行认真分析和风险评估，对关键环节必须明确具体的管控措施。

（9）每年对全员至少要进行一次危险源辨识及风险评估的系统性培训。

（10）根据危险源辨识和风险评估结果，风险评估小组应按企业要求统一制作岗位主要危险源辨识卡。

2．建立档案和管理台账

企业应建立事故台账和管理档案，将承包商、供应商、外包单位等相关方，在企业内部发生的事故纳入本企业事故管理。企业的事故管理台账，如表 8-1 所示。

表 8-1　事故管理台账

序　　号	事故地点	事故情况	整改人员	整改结果	落实人	落实情况	备注
检查人签字：							

企业的事故管理档案，如表 8-2 所示。

表 8-2　事故管理档案

事故发生时间		事故发生地点	
事故责任人		事故是否已上报	
事故发生经过			
事故处理			
安全负责人　　年　月　日		单位负责人　　年　月　日	

3．建立全面系统的安全生产合规培训制度

建立全面系统的安全生产合规培训制度，包括以下三点。

（1）企业的主要负责人和安全生产管理人员，应具备与企业生产经营活动相应的安全生产和职业卫生知识与能力。

（2）对从业人员进行安全生产和职业卫生教育培训，未经安全教育培训合格的从业人员，不应上岗作业。

（3）对进入企业从事服务和作业活动的承包商、供应商的从业人员和接收的中等职业学校、高等学校实习生，进行入厂（矿）安全教育培

训，并保存培训记录。

4．强化全员安全合规意识

将安全生产合规文化纳入日常文化建设必要内容，通过安全生产管理制度上墙、发放合规手册、签订安全生产责任书等方式，强化全员安全合规意识，如表8-3所示。

表8-3　强化全员安全合规意识方法说明

方 法	说 明
树立合规意识	通过具体的案例分析、廉政课堂、警示教育等方式，深化传导合规经营理念，倡导全员知敬畏、存戒惧、守底线，并自觉渗透到日常的工作流程操作中
从严治行	加强员工的思想教育，抓好风险防控和巡视巡察反馈问题的整改工作，列出问题清单，及时排查风险隐患，不断完善制度机制
强化落实	在具体经营中，注重合规文化与开展的晨会、周例会和月汇报等方式的深入融合，拓宽学习途径，使员工自觉按照规章制度办事，自觉学法、守法、执法，严格执行各项制度
学习引导	坚持问题导向，提高全员对制度法规的学习和掌握，培育合规文化，落实落细员工关怀，引导员工坚定理想信念，树立正确的人生观、价值观和世界观
加大宣传	充分运用阵地优势，将合规标语、合规文化墙等设置在员工集中上下班出入的显要位置，起到"时刻敲醒警钟、合规留在心中"的作用；同时，通过微信、简报等，及时刊发编辑和刊发业务亮点、合规文化报道等，营造人人讲合规、事事讲合规的文化氛围

5．全面辨识重大危险

企业要对重大危险源进行全面辨识，对确认的重大危险源，制定安全管理技术措施和应急预案。

含有重大危险源的企业，要将监控中心（室）视频监控数据、安全监控系统状态数据和监测数据，与有关安全监管部门的监管系统联网，及时报告。

企业定期派人员巡视，进行隐患排查，如实记录隐患排查治理情况，要求至少每月进行统计分析，及时将隐患排查治理情况向从业人员通报，及时发现并消除隐患，实行隐患闭环管理。

建立应急管理组织机构或指定专人负责应急管理工作，建立生产安全事故应急预案，针对安全风险较大的重点场所（设施）制定现场处置方案，并编制重点岗位、人员应急处置卡，准备应急设施、装备、物资，开展应急演练。

发生事故后，企业立即启动应急响应程序，按照有关规定报告事故情况，开展先期处置。完成险情或事故应急处置后，主动配合有关部门开展事故调查工作。

建立事故报告程序，明确事故内外部报告的责任人、时限、内容等，并教育、指导从业人员严格按照有关规定的程序，报告发生的生产安全事故。

建立内部事故调查和处理制度，按照有关规定、行业标准和国际通行做法，将造成人员伤亡和财产损失的事故，纳入事故调查和处理范畴。

总之，企业安全生产合规管理应重点围绕以下方面开展工作。

（1）第一责任人责任落实情况，包括第一责任人责任到位、安全管理机构和人员配备、安全生产经费投入、安全生产标准化建设等情况。

（2）落实全员岗位责任情况，包括安全生产教育培训、责任制考核奖惩等情况。

（3）落实安全防控责任情况，包括安全风险识别管控、事故隐患排查治理、危险源安全管理、危险作业安全管理等情况。

（4）落实基础管理责任情况，包括特种设备管理、职工安全防护管理、外包等业务安全管理等情况。

（5）落实应急处置责任情况，包括应急救援能力建设、行政处罚、重大危险源管理、工伤发生、法定检测、执行"三同时"制度等情况。

四、应对安全生产合规风险的主要方法

1. 完善安全生产合规体系

企业应及时更新和完善安全生产合规体系，更要完善企业安全生产合规体系下的相关组织架构、制度、流程等，更新合规义务要求、合规风险清单、合规考核内容、责任追究等，确保安全生产合规体系适用新的《中华人民共和国安全生产法》的具体要求，确保合规体系的有效运行。

第一步，企业组织安全生产风险识别，根据风险发生的可能性以及后果的严重性等，对安全生产的合规风险进行分级，筛选出重大合规风险，并建立重大合规风险清单。

第二步，对已识别的重大合规风险清单，建立风险管控体系。具体而言，就是按照风险分级管控的基本要求，对各类合规风险采取恰当的控制和应对措施，并将已识别的重大合规风险的管控责任，按照员工、小组、车间、工厂的管理层次，落实到每个人的职责上，并进行多层次的管理，避免出现风险无人管控的安全隐患。

第三步，将上述管控措施和管控责任等内容，对员工进行培训，使员工清楚知道各自的责任范围，并清楚知道各自所需承担的合规义务，以及重大合规风险的应对措施。

第四步，建立合规台账制度。企业合规管理运行是否有效，最基本的标志就是合规台账的记录情况。若员工能够按照合规台账的规定，认真填写合规台账所规定的内容，那么至少可以表明，员工是按照合规管理制度的要求在履行其合规义务，同时也表明企业的合规体系是正常运转的。

第五步，定期或不定期地开展隐患排查并进行整改。管理者不能过于依赖现有的合规管理制度，需定期或不定期地对安全生产隐患进行排查和整改，这也是安全生产法对企业的基本要求之一。

第六步，建立合规奖惩机制。对于安全生产来说，虽然员工的守规不会产生直接的经济效益，但是一旦发生重大的安全生产事故，可能导致的后果就是企业破产倒闭，法人被追究刑事责任，所以，企业有必要对合规生产的标兵进行奖励。

第七步，建立内部举报机制。为避免合规监管的失效，企业引入内部举报机制就很有必要。内部举报机制是对合规监管机制的重要补充，企业应从正面宣扬这种举报机制，打消员工的道德顾虑。

第八步，合规管理体系的完善更新。企业遇到的合规状况在不断地发生变化，所以企业的合规管理体系也需要适时地进行调整，这样才能有效保障企业的安全经营。

2．健全安全生产责任体系

新《中华人民共和国安全生产法》扩大了企业安全生产责任的主体范围，企业主要负责人、其他负责人及安全生产管理人员都负有相应的安全生产管理职责。企业要更新完善现有的安全生产管理制度，明确、细化不同级别负责人员的安全生产管理责任。同时，还要建立健全并贯彻落实全员安全生产责任制，将安全生产的责任落实到生产经营的每一个员工身上。

企业要通过明确员工的安全生产合规义务，让每个员工意识到自己既是安全的直接利害关系人，也是责任人。同时，企业要与各类专业机构积极开展合作，如评估、审计、监测、法律等；此外，还要将外部工作流程及结果作为考核标准之一，纳入安全生产合规体系，确保安全生产责任体系的有效运行。

3．加强安全生产培训与实践

企业在生产经营中，应制订安全生产教育和培训计划，定期组织对员工、被派遣的劳动者、实习学生等进行安全生产相关的教育和培训，这是安全生产合规的重要内容。

安全生产管理是一门实践的技能，需要通过实战演习、模拟演练等方式，增强员工的实践能力。培训和实践的情况及考核结果应当记录在案，与员工合规表现相结合，作为合规考评、评价的依据。企业应当通过加强培训与实践，宣传安全生产文化，使得安全生产意识深入企业全体员工的日常工作中。

4. 构建安全风险分级管控制度

新《中华人民共和国安全生产法》增加了安全风险分级管控机制，对风险管控提出了明确的合规要求，例如，安全风险事件发生可能性的高低、影响程度的大小、刑事责任、行政责任、民事责任等法律责任；企业在生产经营中要按照规定标准，对各类危险源进行辨识和评估，制订风险清单，对安全生产风险的类型进行分级排序，确定需要优先关注和应对的安全风险。同时，针对不同等级风险，设置不同的管控层级和措施，加强对各级别安全风险的监测、预警和防控。

（1）由企业负责人亲自组织实施，针对较大、重大风险，采取设计、替代、转移、隔离等技术、工程、管理手段，制定安全风险管控措施和工作方案，执行人员、资金要有保障，并在划定的较大、重大风险区域，设定作业人数上限。

（2）由企业负责人牵头组织召开专题会，每月对评价出的较大安全风险管控措施落实情况和管控效果进行检查分析，识别安全风险辨识结果及管控措施是否存在漏洞、盲区，针对管控过程中出现的问题，作出调整并完善管控措施，同时结合隐患排查的结果，布置风险管控重点。

（3）由安全员牵头，要求各岗位负责人严格对照每一项安全风险的管控措施，抓好日常监督检查，确保管控措施严格落实到位。

（4）企业负责人在带班上岗过程中，要跟踪安全风险管控措施落实情况，发现问题并及时督促整改。

（5）各业务部门要突出管控重点，对存在较大、重大安全风险的生产系统、生产区域、岗位实行重点管控，有针对性地开展监督检查等日常管控工作。

（6）高度关注生产状况和危险源变化后的风险状况，动态评估、调整风险等级和管控措施，实时分析风险的管控能力变化，准确掌握实际存在的风险状况等级，并随着风险变化而随时升降等级。

5．定期合规检查排除合规风险

新《中华人民共和国安全生产法》规定了"构建安全风险分级管控和隐患排查治理双重预防机制"，风险等级管控是强调通过一定的标准，对风险进行分级并采取对应的管控措施。而隐患排查治理，则要求加强对各级别安全风险的监测、预警，对隐患开展排查，通过合规检查的方式，主动发现合规风险，并采取相应的治理措施。

企业应当开展定期和专项合规检查，由内部管理人员和外部顾问组成合规检查工作团队，制订合规检查清单，开展合规检查，排查风险隐患，并写成合规检查报告，揭示合规风险问题并提出合规整改建议。检查结果可作为员工落实安全生产责任的依据，记入其合规考核成绩并与绩效挂钩，亦可作为责任追究的依据。双重预防机制的有效建立及切实执行，有利于企业防患于未然，防范安全生产风险。

6．安全事故处理应对

生产经营企业发生安全事故是安全生产合规风险爆发的典型形态，企业应当及时启动安全生产事故应急预案，迅速采取有效措施，实施抢救，防止事故扩大，减少人员伤亡和财产损失，妥善保护事故现场，第一时间上报主管机关，并保持与企业法律顾问、安全评估顾问等专业机构顺畅沟通，商定应急处置及后续事宜。

　　企业在和上级主管机关处理事故的过程中，要注意留存证据，把握陈述和申辩的合法权利，积极跟踪事故调查进程，合理合法地应对事故处理。

　　安全事故处理应对的合规性，不仅可以降低安全事故损害程度，还能预防二次事故，更是追究事故责任、事故整改以及事后评估的重要因素。

第九章　知识产权合规

一、认识知识产权合规

先来看一个案例。

IBM 公司一直致力于企业知识产权合规体系的建设，主要内容有以下几方面。

（1）优化管理体系，集中统一管理。在管理职责安排方面，IBM 公司实行集中统一的知识产权管理。IBM 设置知识产权管理部，主要负责公司中所有的知识产权管理事务。IBM 公司实行知识产权的总部统一管理，总部管辖世界各地子公司的知识产权管理部门，各子公司的知识产权管理部门不仅依隶属关系向主管做业务报告，还接受公司知识产权管理总部极强的功能性指导，按公司知识产权管理总部的统一政策运作。

（2）优化权利归属，鼓励发明创造。就知识产权归属管理来说，员工和 IBM 公司要签署一份有关信息、发明和著作物等的同意书，并规定：只要员工是从 IBM 公司内部取得若干机密信息或从以前员工完成的发明、著作等创作物中撷取若干信息，来完成 IBM 公司有关研究开发项目的成果，以及其因执行职务或为公司业务而产生的成果，都需要将这些成果的知识产权移转给 IBM 公司。为了激励公司员工进行发明创造，IBM 公司制定了累积计分制的奖励方法，即对申请专利的发明人给予计分，一项专利为 3 点，同时可获 1200 美元奖励；点数累计达到 12 点时，再加 1200 美元奖励。如果发明人第一次申请就能获得专利，那么该发明人便可以获得首次申请奖，奖金为 1500 美元。此外，IBM 公司每年还会举办一次盛大的科技发明奖颁奖仪式，由 100 名获奖员工分享 300 万美元奖金。

（3）优化系统支持，服务知识产权管理。为了加强知识产权信息管理，IBM 公司建立了知识产权网络系统（IPN）。只要研发人员或普通员工有了创新构思或研究成果，就可以及时通过知识产权网络系统将它们报告给公司。专门委员会通过评估，决定如何实施知识产权保护，以便实现对创新信息的知识产权管理。

目前，我国知识经济日益发展，经济全球化进程不断加速，企业要借鉴国内外知识产权优势企业的经验，将知识产权管理真正融入企业经营的各个环节，关注知识产权对企业经营发展的实质贡献，形成符合企业自身特点的知识产权合规体系。

知识产权是权利人对其智力劳动所创造的成果享有的财产权利，只在有限时间内有效。各种智力创造，如发明、外观设计、文学和艺术作品，以及商业标志、名称和图像等，都是某一个人或组织拥有的知识产权。

1．企业知识产权合规的目的

企业之所以要进行知识产权合规，根本目标是促进企业的自主创新能力，增强市场竞争力。具体来说，企业进行知识产权合规，主要围绕以下两个目的进行。

（1）防范企业法律风险。企业在经营管理过程中，法律风险防范是一个重要课题。近年来，与知识产权有关的法律法规，围绕知识产权保护进行了一系列修改，比如，在专利、著作权等领域，引入侵权惩罚性赔偿制度，极大地提高了侵权法定赔偿额上限，加大了损害赔偿力度；对商标法、反不正当竞争法和药品管理法进行了修订，进一步加大了侵权处罚力度；加强知识产权刑事司法保护，加大刑事打击力度，强化打击侵权假冒犯罪制度建设等。与此同时，企业逐步提高了知识产权意识，为了捍卫自己的合法权益，纷纷拿起了法律武器。

（2）提高企业竞争力。企业知识产权的价值目标是促进自主创新能力，增强市场竞争力。要想实现企业知识产权的价值目标，单纯地降低企业法律风险还远远不够，需要从经营战略的高度考虑知识产权的创造和运用。也就是说，为了增强企业的市场竞争力，保障企业的市场自由，企业知识产权工作需要为经营战略提供服务。

2．企业知识产权合规的主要分类

2021 年 4 月 23 日，在济南市委、市政府发布会上，通报了知识产权的几大典型案例，具体如下。

案例 1：

2020 年 7 月 2 日，执法人员在检查中发现，天桥区黄台当事人仓库里存放有"东成"牌石材切割机、"大艺"牌锂电池冲击扳手等 10 个型号的涉案产品，涉嫌无照经营和侵犯注册商标专用权。当事人销售侵犯注册商标专用权的行为，违反了《中华人民共和国商标法》第五十七条第三项之规定。依法对当事人责令立刻停止侵权行为，没收并扣押了全部涉案产品，罚款人民币 3 万元。当事人无照经营行为，违反了《无证无照经营查处办法》第二条，责令当事人停止违法行为，没收违法所得 1434.8 元，罚款人民币 1000 元。

案例 2：

2020 年 7 月 15 日，根据举报，执法人员联合市中区公安分局经侦大队，对某汽车配件有限公司进行现场检查。查扣涉嫌侵犯欧曼"AUMAN"注册商标专用权车标、前大灯、减震器等商品，并认定当事人销售侵犯欧曼"AUMAN"注册商标专用权商品的行为，违反了《中华人民共和国商标法》第五十七条第三项之规定，没收侵权商品，罚款人民币 15 000 元。

这些案例从不同侧面展示了市场监管局（知识产权局），在知识产权工作领域综合发力的优势。

为了提高核心竞争力，企业要制订贯穿产品生命周期全流程的知识产权制度，保证知识产权管理活动的有序开展，有效控制每个环节，使知识产权与企业经营流程真正融为一体。

（1）内容行为类合规。这种知识产权合规主要是指，企业对外"说的和做的"等实际操作方面，需要符合国家的相关法律法规。

① 内容方面。具体包括：企业发布的各种信息，如广告、新闻稿、声明、产品手册和其他宣传材料；各类标识，如产品包装和标签、商标标识、专利标识、质量、安全、原产地等各种认证标志……所有的这些都需要与事实相符，不能误导公众，更不能产生不良社会影响。内容既要遵守国家相关强制性规定，比如未注册商标不能使用 ® 符号，否则可能被处罚 20% 的经营额；又要避免侵犯他人的合法权益，如他人文字、字体、图片、音乐、视频、软件等作品的版权，以及他人肖像权

和个人隐私等。

② 行为方面。是指企业根据法律规定，应为或不为某些特定行为，比如原国家工商总局出台的《关于禁止滥用知识产权排除、限制竞争行为的规定》中列举的某些行为。

（2）法定程序类合规。这一类合规指的是，根据某些法律条款规定，企业必须经政府程序进行知识产权的获取、转移、实施或维持等活动，比如向国外申请专利前的保密审查申请程序、自由类技术进出口合同的登记、限制类技术的进出口审批、国务院关于知识产权对外转让的相关审查、网站的 ICP 备案或 ISP 许可、涉知识产权的经营者集中申报、高新技术企业的申报与复核等。根据国家 38 个相关部委最新签署的备忘录，非正常的专利申请或在专利申请程序中提供虚假文件，很可能被列入失信人名单。

（3）规章制度类合规。这一类合规指的是，企业根据相关法律法规的规定，在内部建立与知识产权有关的规章制度或流程，如职务发明奖酬制度、电商平台的知识产权保护规则、网络安全与数据隐私保护制度、科研数据管理制度等。如果企业缺少这些制度，那就可能需要承担相应的法律风险。

二、知识产权合规风险重点内容

对于企业来说，知识产权是一项重要的无形资产，是企业在激烈竞争中的制胜法宝，更是企业利益冲突的焦点。在实践中，企业会经历众多纷争，知识产权争议就是其中之一，甚至还会影响企业的顺利发展。

随着人们对知识产权保护意识的逐渐加强，企业在经营过程中，稍不留意，就会碰触知识产权侵权或被侵权的红线。

具体来说，企业可能面临的知识产权法律风险主要有以下三个。

1. 专利权法律风险

专利权并不是随着发明创造的完成而自动产生的，权利人在完成一项发明创造后，需要按照专利法规定的法定程序，向专利局提交书面申请，经过审查，才能获得专利权。除非法律另有规定，否则权利人获得专利权后，任何人使用该专利，都需要得到专利权人的授权许可，并支付一定的专利使用费，不然就构成侵权。

在专利权领域的法律风险主要有以下几种。

（1）专利申请策略不当带来的法律风险。使用错误的申请专利策略，很可能给企业造成严重的损失。为了保护发明创造，通常可以采用两种途径：一种是申请专利；另一种是作为商业秘密进行保护。某项发明创造，如果不符合专利法规定的专业要求，企业申请专利，那就存在如下法律风险。

① 如果不符合专利法规定的专业要求，专利申请就会被驳回。

② 技术持有人只能依据商业秘密制度，对自己的创造发明成果进行保护，但根据专利法的规定，申请专利需要将有关材料公开并公布，这样就为竞争对手获悉企业的技术开发情况提供了便利。

③ 该技术不仅无法获得专利，也无法获得作为商业秘密形式的保护。

有些发明创造虽然符合专利法的要求，申请后能获得专利权，但是专利保护具有期限性，一旦到了最后期限，专利权人也会失去专用权。所以，如果权利人预计竞争对手无法在短期内研发获得某项发明创造，企业就可以采用商业秘密的方式，对该项发明创造进行保护。

（2）《专利说明书》及《权利要求书》撰写不当带来的法律风险。

①《专利说明书》是指经过专利性审查、授予专利权的专利说明书，是专利申请文件中最重要的文件之一，它确定了专利的保护范围，只要描述不同，法律确认的保护范围就不同。

②《权利要求书》是确定国家对某项发明创造划定保护范围的文件。撰写时需要谨慎小心、字斟句酌，如果撰写不当，那么企业的发明创造就无法获得适当的法律保护，致使该项发明创造的保护范围受限。

（3）专利侵权法律风险。权利人获得专利权后，最大的法律风险就是专利侵权。一方面，专利权人可能会遭到他人侵权；另一方面，企业也可能侵犯其他人的专利权利。

2．商业秘密法律风险

所谓商业秘密，就是不为公众所知悉、能为权利人带来经济利益、具有实用性、经权利人采取保密措施的技术信息和经营信息。

《中华人民共和国反不正当竞争法》《中华人民共和国劳动法》和《中华人民共和国刑法》等法律，都很好地对商业秘密进行了保护。而在商业秘密法律风险中，最根本的就是商业秘密的泄露风险。

概括起来，企业应注意如下环节引发的商业秘密泄露行为，如表 9-1 所示。

表 9-1　易引发商业秘密泄露环节说明

环 节 名 称	说　　明
论文发表	为了建立和巩固个人在本领域的学术地位和专业威望，某些企业的专业人士就会发表学术论文，对最先进的研究成果进行介绍。论文发表后，该技术一旦进入公众视野，企业就无法通过商业秘密来保护该技术。为了有效防范该法律风险，企业可以与职员签署合同，约定工作范围内的技术和方法不能以讲座、技术交流、发表论文等形式泄露
接待来访	明星企业接受采访、参观等，确实能提高企业的公众形象，可是，这种方式也很容易造成商业秘密的泄露。为了防范类似风险，企业就要建立完善的对外接待政策，保护好商业秘密；组织参观时，要避开核心的敏感区域；与来访者、参观者签订保密协议，让他们约束好自己的言行；不要将最核心的秘密介绍给来访记者等
核心人才的流动	掌握商业秘密的技术人员或管理人员被同行或对手"挖走"，是企业泄露商业秘密的主要途径。企业要想防范人才流动导致的商业秘密泄露，就要在与核心人才签署的《中华人民共和国劳动合同》中，对商业秘密的保护做出明确的约定，以免造成企业人员管理的缺陷
非法"卧底"	为了减少成本，企业之间存在向对手委派"卧底"（商业间谍），获取竞争对手的商业秘密的行为。为了避免商业秘密泄露，在核心人才的人事任免、聘用等方面，应仔细审查被录用人员的职业背景和经历，辨别对方是否可能是竞争对手委派的"卧底"

3．域名法律风险

在电子商务条件下，商家注册一个与某个驰名商标相同的域名，客户就容易被记住，交易机会也会增加。

与商标、商号等具有关联关系的域名，通常都具有广告、商标的效果，但注册一个与某个驰名商标相同的域名，很可能会混淆他人驰名商标的服务与商品。所以，域名与商标等知识产权密切相关。在域名的注册、使用、转让等事务中，企业一定要注意防范法律风险。

在域名领域，企业主要防范的法律风险有两方面，具体如下。

（1）与企业名称、商标相关的域名被他人抢注。与企业名称、商标等相关的域名被他人抢注，企业就会面临这样的后果：要么花费巨资购买该域名，要么改变自身的商号和商标等，这两个后果都会损害企业的经济利益。

（2）企业注册的域名与他人在先权利发生冲突。申请域名时，企业要尽量避免与他人现有的在先权利发生冲突，以免带来潜在的法律风险，尤其不能与他人的商标权发生冲突。我国最高人民法院发布的《关于审理涉及计算机网络域名民事纠纷案件适用法律若干问题的解释》中，对于域名注册中的侵权问题已经作了明确解释。

三、知识产权合规管理的要点

在新形势下，现代企业需要加强知识产权合规体系建设，从管控知识产权风险的新角度，运用知识产权提升企业核心竞争力，尤其是对专利法律风险的把控。专利是企业的"芯片"，能够有效建立专利合规管理制度，有助于企业知识产权合规风险的有效识别和管理，确保企业管理和各项经营活动的合法合规，让知识产权管理体系长久有效地实施运行下去，推动企业全面加强知识产权合规管理。

1. 完善企业专利权布局合规管理

根据2020年新修订的《中华人民共和国专利法》第七十一条规定：侵犯专利权的赔偿数额按照权利人因被侵权所受到的实际损失或者侵权人因侵权所获得的利益确定；权利人的损失或者侵权人获得的利益难以

确定的，参照该专利许可使用费的倍数合理确定。对故意侵犯专利权，情节严重的，可以在按照上述方法确定数额的一倍以上五倍以下确定赔偿数额。权利人的损失、侵权人获得的利益和专利许可使用费均难以确定的，人民法院可以根据专利权的类型、侵权行为的性质和情节等因素，确定给予三万元以上五百万元以下的赔偿。赔偿数额还应当包括权利人为制止侵权行为所支付的合理开支。可见，一旦专利侵权案件进入行政处罚或诉讼程序，其对拟上市企业造成的时间成本损失、财务成本损失将难以估量。

因此，企业需要做好专利布局。根据主营收入贡献大的核心技术，找出创新点和改进点，围绕该核心创新点和改进点进行专利布局。企业进行储备式布局的目的，就是针对未来发展需要进行专利谋划，进而进行专利布局。围绕时间节点进行专利布局，是指拟上市企业根据市场竞争形势的多变性，在准备上市之前的 3～5 年内，适时、准确、具体、连贯地提交专利申请并进行布局。

同时，企业还需要构建专利预警机制。聚焦企业的核心产品搭建预警系统，根据企业战略确定预警范围，建立动态数据库，以形成行业跟踪能力的预警系统。在充分整合和利用信息资源的基础上，针对风险展开分析判断，制定规避风险措施。

2. 建立专利管理制度

企业要设立专门的知识产权部门，如果条件允许，还可以细设专利部门，至少也要指定专人负责专利工作，便于对专利档案进行管理，通过建立企业专门的专利数据库，对专利的申请、受理、审查、授权、缴费、维护等工作进行细致化分配。

3．建立职务发明相关制度

企业在产生职务发明时，一定要跟发明人确定清楚该专利权的归属，在员工入职前要调查了解该员工是否有上家单位的职务发明，以及该员工离职后的职务发明处理情况。

需要建立和完善对职务发明创造的奖励和报酬制度，激励研发人员积极投入研究热情，确立企业核心技术，提高核心竞争力。另外，要保障发明创造人员的署名权。

4．建立及完善保密制度

企业应与单位核心的研发人员确定合理的保密制度，将相关的保密文件、保密事项、保密要求等确定清楚，且签订好保密协议。如果研发人员离职，则需要确定是否与其签订竞业限制协议，以进一步完善保密制度工作。

5．建立专利权布局合规管理制度

（1）企业要做好专利布局，重要技术或产品是否及时转化为知识产权以获得保护，设定内部评价准则，确保专利质量管控，在申请专利前进行必要的检索和分析，以评价获得专利的前景以及可实现的价值。

（2）构建专利预警机制。聚焦企业的核心产品搭建预警系统，根据企业战略确定预警范围，为企业开展专利风险预警机制，培养行业专利追踪能力，进一步制定出合理的风险规避措施。

6．建立商标合规管理制度

商标合规管理制度一般包括商标合规行为准则、商标合规制度规范、商标合规管理流程、商标合规管理表单等内容。

首先，商标合规管理制度应当以书面形式明确合理地对企业管理层、各相关部门以及相关普通员工的商标合规职责进行规范，使得企业的商标合规管理工作有法可依。

其次，商标合规管理制度的制定，应当结合企业自身的实际情况和商业需求，并在制度贯彻执行的过程中，不断根据企业实际情况进行调整和优化。

当然，商标合规管理制度的制定是基础，落实是关键，只有真正把商标合规管理制度融入企业的日常经营、管理活动之中，商标合规管理才能真正落到实处。

7．企业内部职务作品维护的合规

做好著作权合规管理工作，前提是在来源上明确边界，提高员工的风险防范水平和意识，坚持"先授权后使用"的原则。

鼓励创新，并对员工的职务作品加强著作权登记工作合规化管理。在实际操作中，企业应严格按照相关规定依据特定的程序、可登记的作品范围等，向国家知识产权局申请作品著作权登记。

8．企业内部商业秘密管理合规

侵犯商业秘密罪的犯罪主体多为员工或招揽获取商业秘密员工的同行竞业企业。为了预防特定知识产权刑事风险，企业需要以成文形式，编撰刑事合规指南与员工行为准则，以显著标识提示员工行为的合规要求，确立员工的行为规范要求，对于违法乱纪的行为进行明确性禁止，并健全完善相对应的配套机制，如相应的奖惩机制。

四、应对知识产权合规风险的主要方法

1．确定知识产权战略性定位

在市场竞争和依法治企的大环境下，大力实施知识产权发展战略，确定知识产权综合管理战略性定位，运用知识产权保护企业权益或开展进攻策略，已经成为企业发展必然选择。

（1）制定企业知识产权发展规划。企业要成立知识产权战略管理委员会，致力于知识产权战略规划的推进、年度目标的审批和重大事项的决策，鼓励和保护创新成果。为了确保知识产权战略的有效执行，企业需要将知识产权管理贯穿到研发、生产、经营和市场开发以及知识产权获取、维护、运用和保护等全过程。

（2）注重知识产权资产合规管理。企业要按照《中华人民共和国企业国有资产法》要求的程序和标准，在最短的时间里，建立和完善知识产权资产管理机制、资本运营流程和资产价值评估体系；促进知识产权质押、入股、对外合作、融资担保的资本运营，盘活知识产权资产；通过转让、许可、合作研发等方式，实现知识产权的溢价出资，实现知识产权价值；在对外投资、增资扩股等运作中，管理好著作权、商标权、专利技术、非专利技术等知识产权；在新兴业务领域和对外合作中，保护好创新产品孵化期间的知识产权，立足国有资产保值增值要求，努力提高企业知识产权核心价值与综合竞争力。

（3）合理运用知识产权创新成果。企业要对研发情况进行排查，主动与优质专利代理机构对接，积极与服务机构合作，普及知识产权知识，增强专利意识，深入专利挖掘和保护；努力推进企业知识产权战略化，围绕企业核心技术培育高质量专利，谋划专利布局，搭建专利库，提高企业自主创新能力，重视知识产权海外布局。

（4）打造 PDCA[①] 综合战略管控体系。利用知识产权合规管理记分卡，可以直击要点，取得事半功倍的效果。利用该工具，就能对 PDCA 综合战略进行有效管控，布局综合平台管理，让战略执行成为企业的核心竞争力，如表 9-2 所示。

表 9-2　PDCA 综合战略管控体系

体　系	代　表	说　明
P（Plan）	衡量战略	制订企业战略地图和企业知识产权合规计分卡，明确目标之间的因果关系，以战略地图的形式进行简单明了的可视化描述，以计分卡的形式建立和衡量战略的标准体系
D（Do）	分解战略	明确责任体系，制订部门战略地图和部门合规计分卡，实现战略协同
C（Check）	监控战略	输出数据分析仪报告，通过数据分析仪报告，对企业的战略目标完成情况进行监控，得出分析结论，进行定量考核、定性评价，及时进行绩效沟通
A（Action）	战略回顾改进	为了实现持续改进的目的，就要建立标准化的合规管理记分卡的报告体系，定期进行会议回顾、战略分析、流程反馈、细节调整等

2．构建智能化综合管理体系

企业在实施知识产权发展战略的过程中，需要将自主创新与培育发展战略性新兴产业结合起来，抢占未来技术和产业的制高点，推进网络智能化、业务生态化和运营智慧化，实现制度化、流程化、规范化和

[①] PDCA 是由英语单词 Plan（计划）、Do（执行）、Check（检查）和 Action（处理）的首字母构成的一个循环模型。

信息化；在运营创新方面，企业需要积极推进产品业务、市场开发渠道、支撑保障等信息流程化转型，运用互联网思维创新重构运营和管理模式。

（1）搭建智能化的知识产权合规管理平台。构建智能化的知识产权平台，企业就能对经营活动中的知识产权进行合规评估、评价、核查和论证；对可能出现的知识产权合规风险进行预估，对可能出现的知识产权合规风险提出对策和建议，保障新技术安全有效地投入运用。例如，企业在开展研发活动中，充分运用互联网大数据信息，就能全方位了解所属技术领域的现有技术状况和竞争对手的研发动态，找到技术发展路线图和技术空白点，加强对研发成果申请专利的挖掘和布局；利用现有的大数据平台和人工智能体系，对已公开的专利申请和已授权的专利文献进行检索，将其与欲实施的技术进行对比，划定保护范围，就能对拟引进的技术和产品的知识产权状况进行尽职调查。

（2）组建产业知识产权联盟，建立产业内知识产权共同体。企业构建知识产权运营服务体系，可以加快建设知识产权运营合规服务平台，集中提供知识产权申请、使用、转让、许可、质押、融资、保护和维权服务，支撑企业合规开展知识产权运营，形成合规产业链和成果转化的群体优势。同时，要协调律师事务所、大学知识产权学院、行政管理等部门，利用大数据平台，探索建立行业性组织、知识产权服务机构与企业共同参与的知识产权合规综合管理体系，为企业提供信息发布、检索查询、专利转让、质押融资等服务，实现知识产权的专业化、智能化合规管理。

3．夯实知识产权基础管理工作

夯实知识产权基础管理，主要体现为企业知识产权管理体系建设，即明确知识产权部门职能并配备相应的人财物作为支撑。就企业知识产权基础管理的内容来说，主要包括以下五个方面。

（1）强化知识产权管理机构建设。企业要设立专门的知识产权管理部门，配置专业的知识产权管理人员，承担部门的各项管理任务，开展知识产权管理工作。同时，知识产权管理机构要享有一定的决策权和建议权，以便于打通专利、商标、商业秘密、著作权等各类知识产权的全链条，进行知识产权的创造、运用、保护等管理工作，统筹推进知识产权工作，与其他部门建立良好的协调联动工作机制。

（2）建立完善的知识产权合规管理制度。企业要不断完善知识产权管理制度，结合自身的组织架构体系，对组织机构、人员分配、职责划分、工作流程等进行系统规定。该制度内容涵盖专利获取、维护、运用、保护、资源管理、合同和保密管理、研发、生产、采购、制造、销售风险管理、考核和奖励管理等。当然，为了确保制度的完整性、可操作性和严密性，有效提高管理效率，企业还需要结合自身的发展特点，制定适应性的管理制度。

（3）增强知识产权合规管理意识。企业要想增强普通员工的知识产权意识，就要对他们开展有针对性、多层次的知识产权管理培训，使其树立起知识产权保护意识，自觉维护企业品牌，在生产经营管理过程中发现创新点，及时申请，抢占市场先机，为提高企业竞争力而努力。

（4）加强知识产权人才队伍建设。企业要按照《国有企业法律顾问管理办法》的要求，培养知识产权方面的企业法律顾问，打造一支知识产权人才队伍。此外，企业还要不断提高知识产权管理人员的职业素养和敬业精神，提高他们的责任意识，强化对企业专利的保护。

（5）建立科技创新激励和保障机制。如果员工为企业创造了知识产权成果，或者在知识产权保护与合规管理中取得了成绩，企业就要对其进行奖励，可以采取物质奖励与精神奖励双管齐下的方式，以此提高企业知识产权的数量和质量，提高自身的创新力和竞争力。

第十章　税务管理合规

一、认识税务管理合规

先看一个案例。

A公司成立于2009年，是一家从事白云石矿开采业务的企业。多年来，通过直接投资、与其他关联方交叉投资方式，A公司产生了包含贸易公司B、运输公司C、财务咨询公司D及10余家材料加工企业在内的关联企业。

在具体经营中，A公司将原矿开采出来后，直接全部交由B公司对外销售，B公司经C公司运输后，直接转售给众多关联材料加工企业。同时，A公司与D公司之间存在金额较大的借款业务。

A公司的上述关联交易，很容易给自己带来税务风险。

风险点一：少缴资源税

按照《财政部国家税务总局关于全面推进资源税改革的通知》（财税〔2016〕53号）的规定，A公司生产的白云石原矿产品实行从价计征资源税，如果A公司向B公司销售原矿产品的定价过低，那就可能存在少缴资源税的风险。

风险点二：少缴增值税

B公司通过关联运输公司C，将原矿产品从坑口运送到码头，有利于货物及时外运，同时减少运输成本。但如果内部运输台账管理混乱，记载的运输数量与公司销售数量、矿管处监测运输数量不一致，那就极易带来企业运输费不计、少计增值税的风险。如果该项金额达到了一定数量，那么就会影响企业纳税信用等级评定，并带来行政处罚风险。

风险点三：少缴所得税

A 公司向其关联方财务咨询公司 D 借款，有利于周转资金，抵抗金融风险。但如果关联企业间借款处置不当，易带来所得税风险。

根据《中华人民共和国企业所得税法》第四十六条规定，企业从其关联方接受的债权性投资与权益性投资的比例超过规定标准而发生的利息支出，不得在计算应纳税所得额时扣除。

如今，企业开展境内关联交易，已经成为一种比较普遍的情况。对开展关联交易的企业来说，关注税收法律法规，是防范税务风险的必然要求。

"税务合规"是指企业及其员工的经营管理行为符合税务方面的法律法规、监管规定、行业准则和企业章程、规章制度以及国际条约、规则等要求。

"税务合规风险"是指企业及其员工因税务不合规行为，引发法律责任、受到相关处罚、造成经济或声誉损失以及其他负面影响的可能性。

"税务合规管理"是指以有效防控税务合规风险为目的，以企业和员工经营管理行为为对象，开展包括制度制定、风险识别、合规审查、风险应对、责任追究、考核评价、合规培训等有组织、有计划的管理活动。

1. 账务风险

税务局已经开发了"财税衔接"申报辅助功能，所以在财务软件上，纳税人可以自动生成增值税和企业所得税纳税申报表，并完成申报，实现网上办税系统（电子税务局）与企业财务核算软件的无缝对接。也就是说，只要企业账务出现问题，税务局立刻就能知道。因此，财务人员在做账时，一定要集中注意力，不能因一时大意给自己"挖坑"。

2．业务风险

企业业务不仅要真实合法，还要跟具体业务保持一致，只有账务符合业务实质和业务逻辑，才能将被锁定的风险降到最低，否则，早晚都会被税务局约谈。如今，税务局的预警、约谈和稽查等都已经由面到点、全面深入，进入了精细化、纵深化模式，所以企业千万不能麻痹大意。

3．合同风险

"合同控税"制度已经实行了很长一段时间，企业账务、税务处理和发票开具与合同不匹配，会带来较大的风险，甚至是导致企业风险的主要原因，因此，企业一定要重视合同内容，千万不能大意。

4．发票风险

企业经营的底线就是不要虚开发票。尤其是增值税发票电子化之后，只要虚开发票，税务机关基本上一抓一个准。虚开发票属于偷税行为，后果非常严重，除了追缴税款、滞纳金和罚款，一旦构成犯罪，还会依法追究刑事责任。

在大数据共享的背景下，税务局管控愈发严格，企业税务合规难度加大。要想合法规避以上风险，企业可以使用新产品，如"灵零税"。该产品具有智能、易用的特点，系统全流程线上操作，是灵活用工智能节税的神器，可以全方位确保企业资金安全。

二、税务管理合规风险重点内容

从概率上来说，几乎所有的纳税人都会面临税务问题。跟中小企业比起来，大企业经济规模更大，业务范围更广，重大事项更多，社会关注度更高，隐藏的潜在税务风险更多，风险爆发的可能性更高，带来的损失也就更大。

下面是常见的几个税务风险形式。

1．制作两套账

如今，很多民营企业都会做两套账甚至三套账，这种情况甚至是民营企业的财务常态，比如，税务会计做外账、其他财务人员做内账；或者人工做外账、电脑做内账等。有的企业是 5：5，即将 50% 的销售收入隐藏起来，做在内账上，将另外的 50% 的销售收入申报纳税，做在外账上。有的企业是 1：9，即将 90% 的销售收入隐藏起来，只拿出 10% 的销售收入，用来申报纳税。现实中，因偷税被判刑的老板，基本上都有两套账。只要被人举报，很快就能被执法部门找到证据，个中隐藏着巨大的风险。

2．无票支出

无票支出是指企业掏了钱却没有拿到相应的发票。举个例子，某人投资 7000 多万元盖了一栋厂房，之后购得生产线。花了很多钱，却没有拿到发票，因为固定资产无法入账，更无法提取折旧进入成本、在所得税前列支。按照 25% 的企业所得税计算，这个人一共损失 1000 多万元的企业所得税（7000万元×25%＝1750万元）。后来，他找朋友做了财务咨询，在朋友的帮助下，才降低了税务风险和税务成本。

3．账外资金回流

老板把钱借给其他企业，很容易会被怀疑账外资金回流。比如，做服装生意的老板，卖出1000万元的服装，却没给消费者开发票，之后老板就可以将这笔钱放进自己的私人账户。企业进货时，如果资金不够，只能向老板个人借钱。这时，税务局就会认为企业做两套账，存在账外资金隐藏收入。对企业来说，这也是一个较大的风险。

4．收入确认按开票时间确认

很多企业都是在收款时开发票、确认收入，有的企业却是客户要发票，打款时间和正常销售时间不一致。举个例子，6月1日买完了商品（货已经发送完毕），9月1日客户才付款。按税法规定，纳税义务时间是6月1日，但是多数企业都把9月1日客户付款并给客户开发票的时间作为纳税义务时间。如此，就会引发税务风险。

5．财政性资金收入不缴税

财政性资金收入是指政府及其有关部门给企业的财政补助、补贴、贷款贴息，以及其他各类财政专项资金等。除了个别款项准予可以作为不征税收入，其他财政性资金收入都要缴税。对这部分资金，如果企业不缴税，就会引发罚款、补税、缴纳滞纳金等风险。

6．商业回扣

企业经营过程中，很多人都对商业回扣并不陌生。举个例子，笔者曾经遇到过一位企业老板，他说他们企业年营业额有9000万元，回扣却多达 2000 万元。这些回扣都不会开具发票，更不可能代收受人扣缴个人所得税，如此，就会给企业带来涉税风险。

7．企业注销问题

有的企业犯了原罪——偷逃税款，负责人想要把企业注销，一了百了。但有句话说得好："想活不容易，想死更难。"按照企业注销的程序，税务局都要对企业 3 ～ 4 年的税务进行稽查审计。企业中存在的问题如果经不住稽查，就会带来风险。

8．不合规票据

不合规票据是指，发票的抬头、日期等信息不合规。比如，在 1 月份的报销票据中出现了 12 月份的发票，这就叫不合规发票。此外，不合规票据还包括发票抬头简称、金额数目错误、备注栏折扣等，而发票抬头简称是最常见的不合规问题。

9．企业账户套现

企业出借账户或帮客户提取现金，这种行为很危险。举个例子，客户向企业购买 10 万元货物，给了一张 15 万元的支票，让企业帮忙提取 5 万元的现金（不是要回扣，发票面额还是 10 万元），这种情况很可能就会被认定为价外费用征税。

10．企业内部借款

所谓内部借款，是指股东向企业借款。这种借款，既可能涉嫌抽逃注册资本金，也可能涉嫌"视同分红"，即股东借款如果超过一个纳税年度未归还，那就需要缴纳个人所得税，企业因此就要面临较大风险。

11．大额不支付应付账款

企业购买发票时，购得了发票，却不付货款，只能挂在"应付账款"上。购买的发票越多，金额也就越大，最后在财务账上只能留下无法消除的"后遗症"。

12．虚开增值税发票

如果企业缺少进项发票或进项发票开得太多等，会导致虚开，因此给企业带来巨大风险，如果问题严重，还可能要承担刑事责任。

13．存货账实不符

在民营企业中就存在这个严重的问题。要么实际存货比账面多，要么实际存货比账面少，这两种情况都会引发严重的税务风险。

14．账面记录不规范

如果企业的账本或会计凭证上写着"代开""税点""回扣""送礼"等字样，那么就会给企业带来无法想象的风险。

三、税务合规管理的要点

1．增值税合规管理

（1）企业增值税合规自查。为了防范涉税风险，企业想进行增值税自查，该从哪些方面入手呢？

① 进项税额自查。具体内容包括如下几项。

a. 用于抵扣进项税额的增值税专用发票是否真实合法；是否有开票单位与收款单位不一致或票面记载货物与实际入库货物不一致的发票用

于抵扣的行为。

b. 用于抵扣进项税额的运输业发票是否真实合法；是否有用于非增值税应税项目、免征增值税项目、集体福利和个人消费、非正常损失的货物（劳务）、非正常损失的在产品、产成品耗用的购进货物（劳务）所发生的运费抵扣进项；是否有与购进和销售货物无关的运费申报抵扣进项税额；是否有以国际货物运输代理业发票和国际货物运输发票抵扣进项；是否存在以开票方与承运方不一致的运输发票抵扣进项；是否存在以项目填写不齐全的运输发票抵扣进项税额等情况。

c. 是否存在未按规定开具农产品收购统一发票申报抵扣进项税额的情况。具体包括：扩大农产品范围，把非免税农产品（如方木、枕木、道木、锯材等）开具成免税农产品（如原木）；虚开农产品收购统一发票（虚开数量、单价，抵扣税款）。

d. 用于抵扣进项税额的海关进口增值税专用缴款书是否真实合法；进口货物品种、数量等与实际生产是否相匹配。

e. 发生退货或取得销售折让，是否按规定作进项税额转出。

f. 从供货方取得的与商品销售量、销售额挂钩的各种返还收入，是否冲减当期的进项税额；是否存在将返利挂入其他应付款、其他应收款等往来账或冲减营业费用，而不作进项税额转出的情况。

g. 用于简易计税方法计税项目、免征增值税项目、集体福利或者个人消费的购进货物、加工修理修配劳务、服务、无形资产和不动产是否抵扣进项税额。

h. 非正常损失的购进货物，以及相关的加工修理修配劳务和交通运输服务是否抵扣进项税额。

i. 非正常损失的在产品、产成品耗用的购进货物（不包括固定资产）、加工修理修配劳务和交通运输服务是否抵扣进项税额。

j. 非正常损失的不动产，以及该不动产所耗用的购进货物、设计服务和建筑服务是否抵扣进项税额。

k. 非正常损失的不动产在建工程所耗用的购进货物、设计服务和建筑服务是否抵扣进项税额。

l. 购进的旅客运输服务、贷款服务、餐饮服务、居民日常服务和娱乐服务，是否抵扣进项税额。

② 增值税如何节税。脱离企业的实际情况，单纯地谈降低税负毫无意义，因为税务统筹方法并不是放之四海而皆准的。但是，企业可以遵照一定的原则，按照一定的思路和方法进行思考。

a. 加强业务和管理。很多时候，企业税负的问题都可以反映出业务和管理的问题，所以提高财务管理能力，也是企业降低税负的一个方法。首先，分析企业增值税的构成，明确采用什么计算方式，上下游的客户情况；其次，查看企业现在的增值税税负与同行业相比，是否偏高，偏高的比率是多少。通过这样的基础分析，就能找到企业税负偏高的原因。

b. 了解一些选择性的事项。对于有些事项，企业是可以进行选择的。具体的选择方法，都能对企业的增值税税负产生较大的影响。比如，与什么样的供应商进行合作？企业选择一般纳税人身份，还是小规模纳税人身份？一般纳税人能否选择简易计税？购进的进项是专用于免税项目，还是兼用于一般计税项目……所有的这些选择性事项，企业都需要提前做好规划。

c.充分利用税收优惠。为了鼓励各行各业的发展，国家出台了很多优惠政策，企业要根据自身的性质，看看自己能否享受。比如，小规模纳税人的免税优惠、四大行业的加计抵减、部分行业的即征即退等。还有，为了带动当地的经济发展，我国的西部大开发或少数民族自治区都出台了一些税收优惠政策，将企业注册到制定了税收政策的税收优惠区，不仅能取得最佳的节税效果，还是合理合法的。

（2）销项税额。销售收入是否完整且及时入账？这方面内容主要包括：是否以货易货、以货抵债收入未计收入；是否销售产品不开发票、取得的收入不按规定入账；销售收入是否长期挂账不转收入；是否收取外单位或个人水、电、气等费用，不计、少计收入或冲减费用；是否将应收取的销售款项，先支付费用（如购货方的回扣、推销奖、营业费用、委托代销商品的手续费等），再将余款作为收入入账。

① 是否存在视同销售行为未按规定计提销项税额的情况？这方面的主要内容包括：将自产或委托加工的货物用于非增值税应税项目、集体福利或个人消费。比如，用于内设的食堂、宾馆、医院、托儿所、学校、俱乐部、家属社区等部门，不计或少计应税收入；将自产、委托加工或购买的货物用于投资、分配、无偿捐助、赠送及将外购的材料改变用途对外销售等，不计或少计应税收入。

② 免税货物是否依法核算？这方面内容主要包括：增值税纳税人免征增值税的货物或应税劳务，是否符合税法的有关规定；有无擅自扩

大免税范围的问题；兼营免税项目的增值税企业，免税额和不予抵扣的进项税额计算是否准确。

③ 增值税混合销售行为是否依法纳税？对增值税税法规定应视同销售征税的行为是否按规定纳税；从事货物运输业务的单位和个人，发生销售货物并负责运输所售货物的混合销售行为，是否按规定缴纳增值税。

④ 兼营非增值税应税项目的纳税人，是否按规定分别核算货物或应税劳务和非增值税应税项目的销售额；对不分别核算或者不能准确核算的，是否按主管税务机关核定的货物或者应税劳务的销售额缴纳增值税。

⑤ 是否存在开具不符合规定的红字发票冲减应税收入的情况？这方面的内容主要包括：发生销货退回、销售折让等情况时，开具的红字发票和账务处理是否符合税法规定。

2．企业所得税合规管理

（1）企业所得税合规自查。各项应税收入是否全部按税法规定缴税，各项成本费用是否按照所得税税前扣除办法的规定税前列支。具体项目应至少涵盖以下四个方面。

① 收入。企业资产评估增值是否并入应纳税所得额；企业从境外被投资企业取得的所得是否并入当期应纳税所得税计税；持有上市公司的非流通股份（限售股），在解禁之后出售股份取得的收入，是否计入应纳税所得额；企业取得的各种收入，是否存在未按权责发生制原则确认计税的问题；是否存在利用往来账户、中间科目等延迟实现应税收入

或调整企业利润的问题；收取的授权生产、商标权使用费等收入，是否计入应纳税所得额；取得非货币性资产收益，是否计入应纳税所得额；是否存在视同销售行为没作纳税调整；是否存在各种减免流转税及各项补贴、收到的政府奖励，未按规定计入应纳税所得额；是否存在接受捐赠的货币及非货币资产，未计入应纳税所得额；是否存在企业分回的投资收益，未按地区税率差补缴企业所得税。

②成本费用。是否利用虚开发票或虚列人工费等虚增成本；是否使用不符合税法规定的发票和凭证，列支成本费用；是否存在不予列支的"返利"行为，例如接受本企业以外的经销单位发票报销进行货币形式的返利并在成本中列支等；是否存在不予列支的应由其他纳税人负担的费用；是否存在将资本性支出一次计入成本费用：在成本费用中一次性列支达到固定资产标准的物品没作纳税调整；达到无形资产标准的管理系统软件，在营业费用中一次性列支，没进行纳税调整；企业发生的工资、薪金支出是否符合税法规定的工资薪金范围、是否符合合理性原则、是否在申报扣除年度实际发放；是否存在计提的员工福利费、工会经费和员工教育经费超过计税标准，没进行纳税调整；是否存在超标准、超范围为员工支付社会保险费和住房公积金，没进行纳税调整；是否存在应由基建工程、专项工程承担的社会保险等费用未予资本化；是否存在只提不缴纳、多提少缴虚列成本费用等问题；为了调节利润，是否存在擅自改变成本计价方法；是否存在未按税法规定年限计提折旧、随意变更固定资产净残值和折旧年限、不按税法规定折旧方法计提折旧等问题；是否存在超标准列支业务招待费、广告费和业务宣传费没进行

纳税调整等问题；是否存在擅自扩大研究开发费用的列支范围、违规加计扣除等问题；是否存在扣除不符合国务院财政、税务部门规定的各项资产减值准备、风险准备金等支出；是否存在从非金融机构借款利息支出超过按照金融机构同期贷款利率计算的数额，没进行纳税调整；是否存在应予资本化的利息支出；关联方利息支出是否符合规定；是否存在已作损失处理的资产部分或全部收回的，没作纳税调整；是否存在自然灾害或意外事故损失有补偿的部分，没作纳税调整；续费及佣金支出扣除是否符合规定；是否将回扣、提成、返利、进场费等计入手续费及佣金支出；收取对象是否是具有合法经营资格的中介机构及个人；税前扣除比例是否超过税法规定；是否存在不符合条件或超过标准的公益救济性捐赠，没进行纳税调整；子企业向母企业支付的管理性的服务费是否符合规定；是否以合同（或协议形式明确了服务内容、收费标准及金额）；母企业是否提供了相应服务；子企业是否实际支付费用；是否以融资租赁方式租入固定资产，视同经营性租赁，多摊费用，没作纳税调整；是否按照国家规定提取用于环境保护、生态恢复的专项资金；专项资金改变用途后，是否进行纳税调整。

③ 关联交易。与其关联企业是否存在业务往来，为了减少应纳税所得额和应纳企业所得税，是否不按照独立企业之间的业务往来收取或支付价款、费用。

④ 扣缴预提所得税。境内企业向境外投资股东分配股利，是否按规定代扣代缴预提所得税。

3．个人所得税合规管理

（1）员工个人所得税合规自查。如果为防范涉税风险，企业想进行个人所得税自查，应该从哪些方面入手呢？

① 未通过"应付员工薪酬"科目发给员工的奖金、实物以及其他各种应税收入，是否足额、准确地代扣代缴个人所得税。

② 为员工购买的商业保险、补充养老保险、企业年金等，是否按规定代扣代缴了个人所得税。

③ 发放的交通补贴、误餐补助、加班补助通信费补贴等，是否代扣代缴个人所得税。

④ 发放奖金或支付给个人的手续费、回扣、奖励等，是否代扣代缴个人所得税。

⑤ 在支付债权、股权的利息、红利时，是否扣缴利息、股息、红利收入的个人所得税。

⑥ 销售人员取得的销售佣金，是否并入工资、薪金代扣代缴个人所得税。

⑦ 为管理层购买住房，支付房款，是否并入员工工资、薪金所得计征个人所得税。

⑧ 促销活动中，向消费者赠送礼品，是否代扣代缴个人所得税。

⑨ 其他个人所得税问题。

（2）个人所得税合理避税。为合理规避个人所得税，企业就要搞清楚以下五个问题。

① 企业代扣代缴个人所得税，税务局会按 2% 的比例，给企业返还

手续费吗？

《中华人民共和国个人所得税法》第十七条规定：对扣缴义务人按照所扣缴的税款，付给百分之二的手续费。

《关于发布〈个人所得税扣缴申报管理办法（试行）〉的公告》第十七条规定：对扣缴义务人按照规定扣缴的税款，按年付给百分之二的手续费。不包括税务机关、司法机关等查补或者责令补扣的税款。扣缴义务人领取的扣缴手续费可用于提高办税能力、奖励办税人员。

② 2019 年度已经依法预缴个人所得税，如果不申请退税，还需要办理个人所得税年度汇算吗？

《国家税务总局关于办理 2019 年度个人所得税综合所得汇算清缴事项的公告》（国家税务总局公告 2019 年第 44 号）中关于"无需办理年度汇算的纳税人"的规定：纳税人在 2019 年度已依法预缴个人所得税且已预缴税额与年度应纳税额一致或者不申请年度汇算退税的，无需办理年度汇算。

③ 误餐补助需要缴纳个人所得税吗？

《国家税务总局关于印发〈征收个人所得税若干问题的规定〉的通知》规定：不属于工资、薪金性质的补贴、津贴或者不属于纳税人本人工资、薪金所得项目的收入，不征税，其中包括差旅费津贴、误餐补助。

《财政部国家税务总局关于误餐补助范围确定问题的通知》规定：不征税的误餐补助，是指按财政部门规定，个人因公在城区、郊区工作，不能在工作单位或返回就餐，确实需要在外就餐的，根据实际误餐顿数，按规定的标准领取的误餐费。企业以误餐补助名义发给员工的补贴、津贴，应当并入当月工资、薪金所得计征个人所得税。

④ 企业发放给员工的劳保用品，需要扣缴个人所得税吗？

相关法律法规规定：为员工配备的劳动保护用品不属于个人因任职或者受雇而取得的所得，不需缴纳个人所得税。对企业以劳保等名义向员工发放的其他实物、以现金等形式支付的劳动保护费等，应并入工资薪金依法缴纳个人所得税。

⑤ 个人未取得综合所得收入，取得的经营所得享受个人所得税专项附加扣除吗？

《中华人民共和国个人所得税法实施条例》第十五条规定：取得经营所得的个人，没有综合所得的，计算其每一纳税年度的应纳税所得额时，应当减除费用 6 万元、专项扣除、专项附加扣除以及依法确定的其他扣除。专项附加扣除在办理汇算清缴时减除。所以个人未取得综合所得收入，取得的经营所得也可以享受个人所得税专项附加扣除。

4. 契税合规管理

（1）企业契税合规自查。企业对契税的自查，主要有以下八个方面。

① 以出让方式取得国有土地使用权，是否按照取得该土地使用权支付的全部经济利益计缴契税？以协议出让方式取得土地使用权的，契税计税价格里是否包括土地补偿费、安置补偿费、地上附着物和青苗补偿费、拆迁补偿费、市政建设配套费等承受者应支付的货币、实物、无形资产及其他经济利益？以竞价方式取得土地使用权的，契税计税价格

里是否未包括市政建设配套费及各种补偿费。

② 以划拨方式取得的土地使用权，后经批准改为出让方式取得使用权的，是否补缴契税。

③ 以出让方式承受原改制企业划拨用地的，是否按规定缴纳契税。

④ 土地使用权受让人通过完成土地使用权转让方约定的投资额度或投资特定项目，以此获得的低价转让或无偿赠与的土地使用权，是否已参照纳税义务发生时当地的市场价格，缴纳契税。

⑤ 承受旧城改造拆迁范围内的土地使用权，是否未按规定缴纳契税。

⑥ 分期支付方式取得的土地使用权，是否未按合同规定的总价缴纳契税。

⑦ 竞价土地使用权尚未办理产权，直接再转让的，是否未按规定申报缴纳契税。

⑧ 其他方面问题。

（2）企业购买房产契税怎么算？契税的计税依据为不动产的价格。现实中，由于土地和房屋权属转移方式不同，定价方法自然也就不同，因而具体计税依据，视不同情况而决定。

① 国有土地使用权出让、土地使用权出售、房屋买卖，以成交价格为计税依据。成交价格是指土地、房屋权属转移合同确定的价格，包括承受者应交付的货币、实物、无形资产或者其他经济利益。

② 土地使用权赠与、房屋赠与，由征收机关参照土地使用权出售、房屋买卖的市场价格核定。

③ 土地使用权交换、房屋交换，为所交换的土地使用权、房屋的价格差额。也就是说，交换价格相等时，免征契税；交换价格不等时，由多交付的货币、实物、无形资产或者其他经济利益的一方缴纳契税。

④ 以划拨方式取得土地使用权，经批准转让房地产时，由房地产转让者补交契税。计税依据为补交的土地使用权出让费用或者土地收益。

⑤ 为了避免偷逃税款，税法规定，成交价格明显低于市场价格，并且无正当理由的，或者所交换土地使用权、房屋的价格的差额明显不合理，并且无正当理由的，征收机关可以参照市场价格核定计税依据。

5．房产税合规管理

（1）企业房产税合规自查。企业对房产税的自查，主要内容如下。

① 土地价值是否计入房产价值缴纳房产税。

② 是否存在与房屋不可分割的附属设施未计入房产原值缴纳房产税。

③ 未竣工验收但已实际使用的房产是否缴纳房产税。

④ 无租使用房产是否按规定缴纳房产税。

⑤ 应予资本化的利息是否计入房产原值缴纳房产税。

⑥ 自行建造的自用房产交付使用后，是否长期挂"在建工程"，未申报缴纳房产税。

⑦ 是否将房屋租金直接冲减"企业管理费"或挂在其他应付款上

未缴纳房产税。

⑧ 与房屋不可分割的附属设备及固定资产改良支出是否增加计税房产原值。

⑨ 新建和购置的房产是否从建成之次月和取得产权的次月申报缴纳房产税。

⑩ 企业清产核资房屋价值重估后的新增价值，是否按照有关规定申报缴纳房产税。

⑪ 自用、出租、出借本企业建造的商品房，是否按照有关规定缴纳房产税。商品房在出售前已使用或出租、出借的商品房，是否按规定申报缴纳房产税。

⑫ 是否按规定将相应的土地价值计入房产原值据以征收房产税。

⑬ 其他房产税问题。

（2）房产税的计算方法。

① 从价计征。所谓从价计征，就是按照房产的原价值减除一定比例后的余值计征，其公式为：

应纳税额 ＝ 应税房产原值 ×（1 － 扣除比例）× 年税率 1.2%

② 从租计征。所谓从租计征，就是按照房产的租金收入计征，其公式为：

应纳税额 ＝ 租金收入 × 12%

如果企业不存在从价计征的换算问题，那么纳税义务的发生时间为：将原有房产用于生产经营，从生产经营当月起，缴纳房产税；其余均从次月起缴纳。

四、应对税务管理合规风险的主要方法

企业税务风险是指，纳税人采取纳税风险规避措施失败，给企业带来损失。具体表现为，如果企业的纳税行为不符合相关法律法规的要求，没有充分利用税收的优惠政策，对企业的经济效益造成负面影响，损坏了企业形象，相关责任人遭受刑事处罚，就会影响企业后续的经营与发展。

1. 企业出现涉税风险的原因

（1）缺少税务风险意识。改革开放以来，我国法律法规逐渐完善，但发展时间毕竟还不长，跟企业税收有关的法律法规依然存在很多问题。目前，我国各企业的纳税意识虽然正在逐渐成熟，但依然缺少纳税的自觉性和主动性，基本上都是强制收税，还没有真正意识到纳税是企业的重要义务，无法从整体上把握经济业务适用的税收法规。

此外，企业被动纳税，不了解最新的相关法律法规，享受不了优惠的税收政策，企业整体税收缺乏统一筹划，生产经营各环节的税收缺少监控，极大地增加了企业的税收风险。

（2）我国税收体系比较庞杂。目前，我国正处于经济变革时期，为了满足经济的高速发展需求，税收政策的变化比较频繁，税法体系比较混乱。税法的推行是分级进行的，即使是同样的税法，有时也需要作相关调整；再加上，不同层次的税收法规有所不同，甚至还会出现冲突。由于外部变化因素具有很大的不确定性，企业自然也就无法及时对相关涉税业务进行调整。另外，执法人员的素质良莠不齐，对同一种纳税行为，不同的执法人员给出的最终决判也会有所差异，企业的纳税行为很可能就会由合法变为违法，由此大大增加了税务风险。

（3）企业税务内部体系不完善。合理避税，确实能减轻企业的税收负担，进一步实现企业的利润最大化，所以为了合理避税，很多企业就会采取一定的税收筹划方法。同时，国家也会适时推出一定的税收优惠政策，但这些政策的享受也有很多限制条件，企业不能正确理解优惠政策的内容，在不合法的情况下享受优惠政策，就会面对税务风险。另外，企业在内控体系中，之所以要建立内部控制制度，主要是为了确保数据的真实性和财务的完整性。如果企业自身的财务人员不具备相关的专业知识，对税务知识不精通，甚至聘请外部税务事务所提供的税务服务，将无法开展复杂的税务工作，那就可能使企业增加税务风险。

（4）企业与税务机关的信息不对称。对具有对照性和实用性的税收政策的信息，税收机关没有做到完全公开，很多政策就会处于半公开或不公开状态，这将使企业处于劣势位置，因为不了解相关政策，得到的信息与实际政策不符，所以企业很容易陷入纳税陷阱。

2. 应对税务管理合规风险的主要方法

（1）形成良好的企业税务文化。要想构建企业内部税务合规体系，需要塑造起良好的税务文化。在整体文化形成的过程中，企业应当重视和发展税务文化，并将其融入日常的企业文化建设活动中，相关人员均应注意加强学习，培养完善的税务风险意识，形成良好的税务文化，从而高效、迅速地识别企业经营过程中的税务风险，并依法进行相关工作。

（2）完善企业相关组织架构。企业应当考虑自身所属行业、企业类型和发展规模等特点，结合生产经营活动中的实际需求，设立税务管理部门，并基于制衡性原则明确相关岗位的责任和权力，进一步完善企业的组织架构。对于规模较大及涉税业务繁杂的企业，应该建立与财务部门并列的税务管理部门，由税务总监领导负责企业涉税业务的处理及税务风险管理工作；规模稍小或业务复杂度较低的企业，可以在企业的财务部门内部设立税务科室，由税务科长领导；对于小企业，可以直接在财务部内设税务岗，负责企业的税务处理事项及税务风险管理活动。

（3）加快税务信息化建设。企业可以从基础建设到自动化应用，再到大数据分析逐步推进税务信息化工作。值得注意的是，不同类型的企业，在搭建税务信息化系统时应详细规划，统一部署，避免重复建设。

（4）制定企业税务风险管控制度。企业应致力于构建税务合规体系，制定完备的税务风险管控制度，通过在企业日常经营的各个环节中建立行之有效的规章制度，为税务合规体系提供制度支撑。比如，建立健全涉税类业务考核机制，对相关员工依照工作的具体情况，采取不同力度的激励措施与手段。

第十一章　数据保护合规

一、认识数据保护合规

先看一个案例。

在网络上，曾出现过这样一则新闻："智联招聘员工倒卖个人信息，16万份个人简历被出售。"

2018年6月，智联招聘公司在日常巡查中发现淘宝网络上有售卖简历的行为，并于第一时间报案，积极协助公安机关进行调查。8月，智联招聘上海分公司的销售人员卢某和王某被公安机关带走。

原来，无业人员郑某勾结时任智联招聘公司的销售员卢某和王某违反公司制度，骗取公司会员账号获取简历，在网络上非法销售牟利，涉及公民个人信息达16万多份。

得益于行业的开放风气，一直以来，互联网企业在反腐工作上起着先锋引领的作用。不管是BAT[①]，还是美团、京东、字节跳动等公司，都明显加大了反腐力度。比如，阿里设置了廉政合规部，京东设置了内控合规部，百度设置了职业道德委员……

互联网的接入，给企业带来了更大的发展空间，但同时也让企业面临更多的网络安全问题。企业在发展过程中，会聚集大量的高质量的数据和机密资料，企业开放了社交网络页面，打开更多的可接入点，却也存在各种网络安全问题。

敏感数据的利益诱惑比创建新的恶意软件容易得多。一旦企业出现

---

① 中国互联网公司三巨头简称BAT，即百度公司（Baidu）、阿里巴巴集团（Alibaba）、腾讯公司（Tencent）三巨头首字母缩写。

泄密事件，就会引发一系列连锁反应，企业公信力就会降低，也会失去一大批客户。如果泄露的是技术研发信息和商业策划，对企业的影响可能就不是一年半载能结束的，而是在很长一段时间内企业都无法走出低谷。

在数据信息的作用与地位日益显要的今天，数据信息的安全问题是关乎企业声誉、公众信任感、经济利益、生死存亡等问题的关键，数据信息的安全程度，也直接影响着企业的外部竞争力。每家企业都有自己的高质量数据和机密资料，企业开放了社交网络页面，存在更多可接入点，员工流动，更换企业次数增加等，让更多的安全问题凸显出来。一旦企业的图纸和源代码、业务等核心数据泄露，企业就需要承担巨大的风险，最直接的就是经济损失。

数字经济时代的数据合规治理是社会治理的重要组成部分，数据保护合规迅速发展也就成了专项合规管理体系的重中之重。企业信息安全防护的焦点在于数据本身，只要控制了企业的基本数据，确保核心数据信息的安全性和完整性，不论其传播途径如何，都能杜绝企业由于数据信息的外泄和破坏而导致的损失。

根据《中华人民共和国网络安全法》《中华人民共和国数据安全法》《中华人民共和国个人信息保护法》等相关规定，企业的主要数据合规义务在数据处理的不同环节，需要承担不同的合规义务。

1. 数据收集

企业收集的数据如果是个人信息，应当注意履行以下几个方面的义务。

首先，企业应当注意在收集数据时，获得处理个人信息的合法基础。

其次，在收集个人信息时，除非有特别情况，否则企业应当履行告知义务；如果企业基于个人的同意处理个人信息，则应按照《中华人民共和国个人信息保护法》的规定，获取个人的有效同意，并在特定场景下取得单独同意或书面同意。

2．数据存储和跨境传输

企业除了需要遵循数据处理的一般义务，对于政务数据、个人信息的存储和跨境传输，以及关键信息基础设施运营者（CIIO）在存储和跨境传输时应当遵守的义务，法律做了如下规定。

如果企业受托建设、维护电子政务系统，存储、加工政务数据，应当经过严格的批准程序，并应当接受监督，依照法律、法规的规定和合同约定，履行数据安全保护义务；如果企业是关键信息基础设施运营者，其在境内运营中收集和产生的个人信息和重要数据，应当在境内存储。因业务需要，确需向境外提供的，应当根据国家规定进行安全评估。

3．数据使用和加工

企业应依法履行数据处理的一般义务，一旦违规，则应履行删除义务。如果企业在收集个人信息的环节中，以个人同意为合法基础处理个人信息，在使用时目的、方式和个人信息的种类发生变化的，则应当重新取得个人同意。

4．数据提供与公开

企业因合并、分立、解散、被宣告破产等，需要转移个人信息的，应当履行告知义务。对外提供、公开或委托处理个人信息时，企业还应履行法定告知义务并取得单独同意。

5．数据删除

企业应当按照法律、行政法规要求，行业监管或其他规范规定以及业务所必需的顺序，确定个人信息保存的最短或最长期限，并进行告知。

二、数据保护合规风险重点内容

《中华人民共和国数据安全法》明确了对数据的收集、存储、使用、加工、传输、提供、公开等各个环节进行数据安全风险的监测、评估和防护要求，有关单位和个人在收集、存储、使用、加工、传输、提供、公开数据资源时，都应当依法建立健全数据安全管理制度，采取相应技术措施以保障数据安全。

《中华人民共和国个人信息保护法》聚焦于个人信息，对"个人信息处理规则""个人信息主体权利""个人信息处理者义务""跨境传输"等重点关注的主题，提出了具体要求，其第二十一至二十三条对"向第三方提供个人信息"进行了明确的限制。

《中华人民共和国网络安全法》第四十二条也规定，网络运营者不能泄露、篡改、毁损其收集的个人信息；未经被收集者同意，不能向他人提供个人信息。但是，经过处理无法识别特定个人且不能复原的除外。

《中华人民共和国刑法》第二百五十三条之一第三款规定，窃取或者以其他方法非法获取公民个人信息的，依照第一款的规定处罚。

《最高人民法院、最高人民检察院关于办理侵犯公民个人信息刑事案件适用法律若干问题的解释》第三条第二款规定，未经被收集者同意，将合法收集的公民个人信息向他人提供的，属于刑法第二百五十三条之一规定的"提供公民个人信息"，但是经过处理无法识别特定个人且不能复原的除外。

综上，企业在进行数据交易行为过程中，涉及个人验证信息的数据是涉数据交易行为中的核心风险来源。企业在进行涉数据交易的过程中，一定要做好交易对手和交易所涉及数据的尽职调查，否则，有可能被认定为非法数据交易的直接参与者。

为了更好地应对合规性带来的挑战，企业需要从传统单点的数据安全建设转变成体系化的数据安全建设，因此，企业需要构建数据合规安全体系。

1. 建立数据合规管理制度

企业数据合规管理制度，应基于企业的产品、业务线，就数据的收集、存储、处理、传输、共享、销毁等全生命周期安全管理作出详细规定；进一步细化及明确各层级合规管理机构及相关部门的数据安全合规管理职责；建立数据安全风险识别机制，明确禁止从事的数据活动及个人信息处理规则；建立重大数据安全合规风险事件报告、应急处置机制及教育培训等管理事项。

2. 开展数据合规培训与文化建设

企业应当定期对全体员工或对数据处理活动享有决策性影响的员

工，开展数据合规培训，并将企业制定的数据合规管理制度进行宣贯，确保相关人员作出的决策符合相关法律规定，培育员工具备遵守相关管理制度的工作能力，确保员工知悉企业内部的管理规定。此外，还应当对企业合作的第三方（包括数据的共享方、接收方）开展合规培训，确保共享／传递出去的数据被合规使用、确保接收的数据是合法获取且依法获得收取的数据。

3．加强数据合规审计与监督

企业应每年开展一次数据合规审计，重点对企业数据处理风险能力、应对措施、数据合规管理架构的运营情况、开展合规培训的情况、员工的数据合规意识及对数据合作伙伴的管理等方面进行审计，将数据合规完成情况、潜在风险等内容数据化、指标化，针对数据合规监控与审计的结果，对数据合规管理体系中发现的缺陷以及内部情况和外部环境的变动，不断完善，持续改进。

4．建立数据安全合规体系

企业在搭建数据合规安全体系过程中，需要重点关注的是，在有些关于整体合规构建的标准和要求，包括数据安全、网络安全、个人信息相关的法律规定中，都会有关于数据安全和个人隐私等相关体系构建的要求。数据合规安全体系的构建，必须要有管理层的重视和支持，即管理层承诺，否则，数据合规安全体系根本建立不起来。

5．建立网络安全与治理办公室

在企业内部设立类似于合规委员会、隐私保护办公室，甚至和网络安全结合在一起，建立网络安全与治理办公室。在具体执行之时，会有

IT 部门和法律合规部门互相支撑，有些可能是 IT 部门牵头，有些是法律部门牵头，甚至到具体的业务之后，再确立各个一线业务的第一责任人，形成一套有效的制度体系、组织体系，保证数据安全评估工作。

三、数据保护合规风险的要点

近年来，我国对数据安全及个人信息保护监管力度不断加强，《中华人民共和国民法典》《中华人民共和国数据安全法》《中华人民共和国个人信息保护法》《中华人民共和国网络安全法》《中华人民共和国电子商务法》等陆续出台，构筑起了我国数据合规制度体系的顶层架构，再加上逐渐常态化的执法活动，企业面临着日益严格的合规挑战。与此同时，数据成为新兴的生产要素，数据的资产属性已得到普遍认可，因此，企业不仅要做好内部数据安全合规体系建设，还要密切关注由交易带来的数据合规风险，尤其对于有上市计划的企业而言，更要未雨绸缪。

《中华人民共和国数据安全法》第二十一条中明确规定："国家建立数据分类分级保护制度。"2022 年 1 月，国务院办公厅印发的《要素市场化配置综合改革试点总体方案》提出，探索建立数据要素流通规则，要探索"原始数据不出域、数据可用不可见"的交易范式，在保护个人隐私和确保数据安全的前提下，分级分类、分步有序地推动部分领域数据流通应用；要强化网络安全等级保护，完善数据分级分类安全保护制度。

2021 年底，全国信息安全标准化技术委员会发布《网络安全标准实践指南——网络数据分类分级指引》（以下简称《指引》），明确了网络数据分类分级的原则、框架和方法，用于指导数据处理者开展数据分类分级工作。

尽职调查工作的核心内容是，对交易对手方，从数据收集、存储、使用、传输（包括跨境传输）、共享、披露等数据处理的各环节的合法合规性进行调查。当然，该工作需要结合交易对手方的业务情况和与企业自身的关系，针对性地设计方案，对以下问题进行调查。

（1）数据的来源，主要是数据通过何种渠道收集。

（2）数据的匿名化情况，重点关注被反向识别的可能。

（3）数据的存储，明确存储地点是存储在本地服务器，还是存放在第三方云。

（4）数据内部的流转和使用情况，包括可被哪些部门及人员访问和处理，用于哪些目的。

（5）数据对外流转情况和目的，比如，传输给关联企业、合作伙伴、供应商等。

（6）向中国境外传输数据的情况和目的，例如，向哪些国家传输。

（7）数据的删除、销毁、冷藏处理等情况。

具体尽职调查工作的开展，需要从组织、制度、技术等层面，考虑数据处理活动的合法性和合规性。

1．组织层面

首先，需要对目前的组织架构、相关人员（如数据保护官）设置情况及其职责、权限进行考察，比如，是否明确了董事会、监事会、管理层等在数据合规方面的监管责任；其次，是否任命了数据保护官（或同类职责人员），并确定其在企业中的角色和职责；再次，是否会定期或不定期地对管理层、数据保护官、隐私保护负责人和其他员工进行数据保护相关培训或考核等。

2. 制度层面

需要对交易对手的数据安全相关政策、文件等进行审查。建议主要从这些方面进行审查：是否具有整体性的数据合规政策；为了确保数据收集和使用行为合法合规，在关键领域，是否建立并实施了操作性文件，例如，隐私政策、员工个人信息同意函、数据接收／共享协议等；是否采取了数据分类、分级存储等制度，是否明确了不同类型数据的管理规则；是否建立了与业务开展需求相匹配的数据分级访问控制制度，以及对企业内部可以访问相关数据的人员分级权限设置等。

3. 技术层面

一般来说，技术层面的数据安全尽职调查工作，需要考察的内容包括但不限于以下几方面：是否采取了数据分类、重要数据备份和加密等措施；是否会定期及不定期地对数据设施和系统进行安全检查；是否采取技术措施，以防范计算机病毒和网络攻击、网络侵入等危害网络安全行为；是否采取了监测、记录网络运行状态、网络安全事件的技术措施；采购第三方信息系统产品或服务时，是否通过尽职调查等方式，对第三方的网络安全能力进行考察；是否进行了网络安全等级保护备案；是否取得了网络安全相关认证等。

四、应对数据保护合规风险的主要方法

1. 提升全员合规意识

企业合规管理的成败，主要取决于核心决策层对该问题的重视程度，即取决于核心决策层是否具备自上而下地推行合规要求的能力，并建立较为完备、高效的内部合规管理组织体系，整体提升全员合规意识，并将合规要求融入日常经营活动中。

提升合规意识是提高全员合规意识、保障员工切身利益的有力武器，企业合规就是要用一种潜移默化的方式，去关爱和保护每一位员工。如果对操作层面的违规问题抱着不以为意的态度，甚至认为这些问题微不足道，不足以形成事实风险，那么就会对处罚产生抵触情绪和逆反心理。只有充分认识合规经营、具体操作的重要性，深植合规意识，大家才能时时合规、事事合规，不会因违规事件和案件而影响自身发展，才能确保企业的健康发展。

（1）加强制度建设和执行。制度是合规建设的基石，执行是合规建设的关键。因此，企业要想进行合规文化建设，就要从强化制度建设、提高执行力入手。企业需要按照合规制度人性化、执行制度流程化、体制机制常态化、检查监督集约化、科学管理智能化等要求，建立违规问题库、措施库，同时，要定期对各项制度、流程、人员进行评价，杜绝出现管理断层和风险控制盲区。此外，还要强化制度执行力建设，采取多种措施强化培训和教育。比如，树立正面典型、建立激励约束机制

等，确保各项制度真正落到实处，形成执行无借口、执行不打折、执行无条件等执行风格，培育干练的执行态度，建立高效、敏锐、准确、有力的执行文化。

（2）加大违规责任追究力度。实践证明，制定的制度，即使再科学、严密，不去执行，也只是一纸空文。为了确保制度执行的严肃性和权威性，可以从以下四个方面做起。

① 强化激励约束，将合规执行情况与提职任用、考核评级等密切联系起来，对合规工作做得好或对举报、抵制违规有贡献者，要给予保护、表态或奖励；对重大、实质性的违规行为，实行零容忍，从严从重从快查处，绝不姑息纵容，让违规者为自己的越轨行为买单，以达到令行禁止。

② 发挥程序和系统对违规行为的控制作用，制定和完善事前防范、事中控制、事后监督等风险防控机制，构建全方位、立体化的监控网络，实现对业务流程的持续监控，确保合规经营。重视问题整改，如在检查中发现了问题，就要认真查找原因，落实整改措施，确保将问题整改到位。

③ 发挥合规管理人员的监督作用，不断扩大监管的覆盖范围，增加监管频次，发现和制止苗头性、倾向性问题，采取积极措施，杜绝各类隐患。

④ 为了有效防范操作风险，加强监督检查，尤其是对重要业务、薄弱环节、关键岗位等进行重点检查。

（3）培育员工的职业操守。合规文化也是一种文化，其作用的对象和主体是人。员工是企业合规文化建设的主体，也是企业合规文化的实践者和创造者，没有广大员工的积极参与，就不可能建设优良的合规文化，因此，企业要想建设合规文化，就要做到如下几点。

① 要想从根源上杜绝案件、重大违规违纪问题等的发生，首先就要用合规文化引领人，用合规典型教育人，用合规氛围影响人，用合规制度规范人，用合规机制激励人，通过教育培训、激励引导等方式，增强员工的合规意识，提高员工的综合素质。

② 大力开展警示教育活动，提高员工对合规操作重要性的认识，深入了解个人违规需要付出的成本和代价，促使员工提高合规经营、操作规范的自觉性，严格约束自己的行为，培养全员按权限、按程序、按制度、按规则办事的职业操守和行为规范。

③ 组织开展形式多样的合规创建活动，通过各项活动的深入开展，让员工逐步认识和提高合规意识，最终融入员工血液，使员工形成自觉按章办事、遵纪守法的良好习惯，减少发生违规的概率，有效控制风险，确保不偏移目标，实现经营价值最大化，实现业务的可持续性发展。

企业数据安全合规体系的有效建立，需要形成"管理层重视、一把手负责、全员参与"的管理模式。同时，还需要与企业现有的管理体系高度融合，如果是另起炉灶，不仅成本过高，也难以正常运行。而且，数据安全合规重点因人而异，即不同行业、不同服务对象、不同规模的企业，重点不同，所以在合规管理组织体系建设中，要结合企业的重点，管好难点，与企业其他合规要求协调同步，彼此增益。

2．建立数据分类分级保护体系

《中华人民共和国数据安全法》第二十一条明确规定了，国家建立数据分类分级保护制度，根据数据在经济社会发展中的重要程度，以及一旦遭到篡改、破坏、泄露或非法获取、非法利用，对国家安全、公共利益或个人、组织合法权益造成的危害程度，对数据实行分类分级保护是十分必要的。同时，各地区、各部门应当按照数据分类分级保护制度，确定本地区、本部门以及相关行业、领域的重要数据具体目录。

《中华人民共和国数据安全法》和我国信息安全行业密不可分，其规定的"建立重要数据目录""分类分级"保护制度与信息安全行业存在已久的等级保护制度一脉相承，企业完全可以先根据自身业务特点，启动等级保护的相关工作，避免政策法规骤然出台对企业运营造成的负面影响。

目前，我国等级保护的标准已形成一个比较完整的体系，法律层面的《中华人民共和国网络安全法》《中华人民共和国数据安全法》《中华人民共和国个人信息保护法》，以及法规层面的《中华人民共和国计算机信息系统安全保护条例》为等级保护的总要求。笔者相信，《中华人民共和国数据安全法》体系下的《重要数据目录》及分类分级保护制度，一定是建立在这些现有的法规制度之上的。

3．建立完善的数据安全技术体系

企业要想做好数据安全合规体系建设，就要建立完善的数据安全技术体系，因此，企业在进行数据安全技术体系建设时，必须考虑数据安全、访问控制和数据保护三个层面的问题。简单来说，数据安全首先要确定数据在哪里。其次，数据的主体是谁。访问控制的首要目标是数据使用者如何证明具备相应的数据权限。数据保护则需要更高层面的建设框架，其首要目标是组织或个人，如何确保数据已获得了恰当的保护。

企业要想实现对数据采集、传输、存储、处理、交换、销毁等全生命周期的管理，在业务层面，应当建设包含预防、发现、消除泄密隐患为主的数据安全体系；在技术层面，应当建设数据风险核查能力、数据梳理能力、数据保护能力以及数据威胁监控预警能力等核心数据能力，最终达到整体安全目标。

具体来说，企业应从以下七个方面着手建立数据安全技术体系。

（1）数据梳理。对企业的重要数据、敏感数据进行全面排查梳理，并根据业务需要对不同角色接触、处理数据的权限进行梳理。

（2）入侵防御。建立、检查数据库防火墙，对外部攻击进行有效防护，同时，还要对内部数据库漏洞进行有效防护，防止漏洞被违规利用。

（3）权限管控。针对不同的访问需求，规范数据访问权限，并严格记录访问情况，实现内部数据操作行为的有效控制与监管。

（4）脱敏流转。在数据使用流转过程中，要遵循数据最小使用原则，去标识，去隐私，实现数据的安全高效利用，在安全的前提下提升数据的使用价值。

（5）密文存储。落实重要数据的识别和分类分级保护要求，对重要的核心数据，加密存储，守护数据安全。

（6）监管稽核。建立有效的内部数据安全合规监管体系，从数据产生，到场景化使用，进行流向监控、精准分析，实现有效监管。

（7）应急处置机制。发生了安全事件，就要确保企业有完善的应急预案和应对处置机制，防止事态进一步扩大。

4．核心机密的保护

为了防止信息泄露，就要保护好核心机密，具体策略如表 11-1 所示。

表 11-1　核心机密保护策略

策　　略	说　　明
雁过留声	对涉密信息的接触行为，应该留有痕迹。涉密纸质材料的存放，应该设置专门的保密室，让专人管理钥匙；进出人员需要登记，写明查阅人的姓名、查阅时间、查阅目的等。涉密电子资料要保存在公司系统中，设置高级密钥，而且，每次登录历史都应当被记录，包括：登录账户、登录时间、访问时长等
注意电脑使用	要求员工使用公司配发的电脑办公，不能使用私人电脑。公司电脑可以禁用 USB 或其他输入／输出端口，如果条件允许，企业可以采取文件加密技术。加密的文件，只能在公司电脑上解密后浏览，以免员工将资料上传到个人云盘。员工从公司电脑向外部存储设备复制大量文件时，公司电脑会自动弹出警示性窗口，并留有记录
制定电子版保密手册	要在员工入职时，签订书面保密协议。另外，企业还应当制作电子版保密手册，并上传至企业内网。保密手册的每次更新，都应让员工确认。员工要在窗口点击"我已知晓"键，这步操作还要跟员工的考评直接挂钩。如果保密手册是员工手册中的组成部分，还需经过民主流程的确认，例如职代会
设置文件水印	对于电子涉密文件，员工如果需要在自己的电脑上访问，就要通过软件使员工访问的页面上自动显现该员工的姓名、工号等水印，防止员工通过手机录像、拍摄电脑屏幕等方法向外泄密；如果该员工冒险泄密，该泄密行为就能暴露访问员工的身份信息

续表

策　略	说　明
独立支付保密费	为了让员工保密，有些企业会对技术人员或高管支付一定的保密费。但在财务支付时，应当确保保密费不同于报销款、工资等，需独立支付，以免在维权诉讼中，员工以付款性质不明作为抗辩
对员工进行培训	为了提高员工的商业秘密保护及侵权后果的法律意识，员工入职时或在固定时间段内，聘请律师培训员工。培训应当留有签到本，是否参加也应与员工考评直接联系起来
设置不同账号权限	使用公司系统时，不同员工应当有自己的独立账号，也不能相互借用，如此，不同的客户就能由不同的员工分管负责，以免将客户资源过度集中在一名员工手里

5．商业秘密的保护

企业在执行具体的保密措施后，需要加强事中监督，目的是监控是否存在泄密行为，只要发现，就要在第一时间止损并追责，最大限度地挽回损失。

（1）对客户的跟踪和回访。企业一般会安排不同的销售员工对接不同的客户，为了保护商业机密，就要对客户进行分级。对于普通客户，可以定期组织两名员工进行回访沟通；对于重要客户，可以安排无利害关系的高级别员工回访沟通，如风控总监、法务总监等。尤其是在客户终止合作时，更要向客户问清楚终止的原因。

（2）制定员工自查表。通过填写自查表，能起到警醒员工的作用，企业应定期组织员工填写自查表，自查过去的时段内，是否有过违规行为并承诺所述属实，同时，将是否及时填写自查表计入员工考评。如果员工有隐瞒事实，故意填写错误信息等触发了规章制度的行为，企业就能合法运用惩罚条款，甚至在某种条件下，与员工解除劳动关系。

（3）搭建客户资源库。将企业服务的客户信息收录进资源库，定期进行更新，客户就能更多地绑定在企业身上，而非员工个人身上。同时，在某个客户终止合作时，也能及时进行跟踪回访。

（4）确定企业开放日。为了增加企业在客户面前的曝光度，强化企业与客户之间的联系，企业可以安排开放日并邀请客户前来参观。

（5）员工离职时的电脑审查。员工可能会将邮件及附件转发到个人邮件地址或复制到个人便携式存储设备，为了销毁证据，在离职前甚至会对重要邮件或文件进行删除，因此，在核心员工离职前，企业要对该员工的电脑进行审查，核查商业秘密是否被前员工删除、销毁及是否有对外泄露、发送商业秘密的痕迹。此外，企业还要对普通离职员工使用的电脑进行审查，即使该普通员工职位不高，也可能参与核心员工主导的泄密事件，比如，基于普通员工与核心员工在电邮中相互抄送，而在普通员工的电脑中，发现核心员工对外发送泄密邮件的行为。

（6）对离职员工定期回访。对于已经离开企业的前员工，要定期电话回访了解近况，重点关注前员工是否就职竞争对手，或自主创业，或从事与老东家竞争的事业。

6. 移动应用办公更需保障安全

现在，许多企业为了工作的便利和灵活性，引入了移动办公的方式。员工无论在家，还是出门在外，只要有 Wi-Fi，就能利用碎片时间进行办公，极大地提高了工作效率。但是，公共 Wi-Fi 一般没有安全保障，家庭 Wi-Fi 也只有一层单薄的密码保护，网络环境异常脆弱，非常危险！轻则泄露个人信息，接收一大堆垃圾短信、垃圾邮件，偶尔还会接到诈骗电话，重则泄露企业机密，给企业造成重大损失。

风险 1：移动应用安全性较差。现实中，App 窃听、后台偷录、偷传设备信息、夹带恶意程序等问题屡见不鲜。工信部曾发布过问题 App，46 款软件上黑榜，其中不乏一些知名软件。移动应用的安全环境异常脆弱，在移动办公过程中，企业很容易发生信息泄露。

风险 2：病毒通过移动设备渗透企业内网。随着移动互联网的规模化发展，黑客的攻击倾向也逐渐转移到移动设备，一旦移动设备遭受攻击而沦陷，很容易成为黑客入侵或渗透企业内网的跳板。

风险 3：移动设备丢失造成数据泄密。移动办公之所以风靡，主要原因就是便携，但正是因为便携，也使移动设备具备"易丢失"的风险。根据数据统计，每年有 7000 万部手机丢失，其中 60% 的手机包含敏感信息，一旦涉及移动办公的设备丢失，很可能会沦为黑客攻击企业网络的利器。

总之，随着移动互联网的快速发展，移动设备成了日常必备品之一，无论是生活使用还是办公应用，均会涉及移动设备。可是，数据显示，多数安卓设备存在远程攻击漏洞和权限提高漏洞，再加上用户更新系统不及时，也会让手机存在一定的漏洞，因此，为了实现平稳快速地发展，企业不仅要提供便捷、高效、安全的工作环境，还要做好安全数据的防护。

第十二章　涉外业务合规

一、认识涉外业务合规

先看一个案例。

为了出售一批液晶显示屏给富士康公司，索尼公司委托中远海运集装箱运输有限公司（以下简称中远海运）全程运输。中远海运将涉案货物由中国厦门港海运至希腊比雷埃夫斯港后，委托希腊铁路公司陆运至斯洛伐克尼特拉。结果，在陆运途中，车厢起火，货物毁损。三井住友保险公司认定事故原因为火车轴箱缺失，导致涉案货物全损。索尼公司据此向中远海运赔付后，代位向中远海运主张货损赔偿。

上海海事法院对该法律适用予以确认，并认为根据希腊相关法律规定，涉案货损属于承运人不可避免且不能克服的原因所致，承运人得以免除赔偿责任。

本案是一起涉及"一带一路"沿线国家的海上货物运输合同纠纷。随着"一带一路"建设的深入推进，我国与沿线国家之间商事主体的纠纷日益增多，准确查明并适用有关外国法律，是司法服务保障该国家倡议的基本要求。

在本案中，法院借助外国法查明的渠道，查实了与涉案法律问题有关的希腊成文法、判例及法律意见书，重点关注了希腊法院对关联案件的判决，是法院准确查明并适用外国法的一次成功实践。

具有涉外业务的企业，不仅要遵守国内法律法规，还需要遵守业务涉外当地的境外法律法规。在《企业境外经营合规管理指引》中，对不同类型业务的企业合规热点方向，给出了重要指导，如下所示。

第六条 对外贸易中的合规要求

企业开展对外货物和服务贸易，应确保经营活动全流程、全方位合规，全面掌握关于贸易管制、质量安全与技术标准、知识产权保护等方面的具体要求，关注业务所涉国家（地区）开展的贸易救济调查，包括反倾销、反补贴、保障措施调查等。

第七条 境外投资中的合规要求

企业开展境外投资，应确保经营活动全流程、全方位合规，全面掌握关于市场准入、贸易管制、国家安全审查、行业监管、外汇管理、反垄断、反洗钱、反恐怖融资等方面的具体要求。

第八条 对外承包工程中的合规要求

企业开展对外承包工程，应确保经营活动全流程、全方位合规，全面掌握关于投标管理、合同管理、项目履约、劳工权利保护、环境保护、连带风险管理、债务管理、捐赠与赞助、反腐败、反贿赂等方面的具体要求。

第九条 境外日常经营中的合规要求

企业开展境外日常经营，应确保经营活动全流程、全方位合规，全面掌握关于劳工权利保护、环境保护、数据和隐私保护、知识产权保护、反腐败、反贿赂、反垄断、反洗钱、反恐怖融资、贸易管制、财务税收等方面的具体要求。

以上几条规定，其实是立法者对四类业务类型企业的合规指引，其合规项目的排列也体现出重要性，前面的比后面的更应该引起重视。比如，在一般意义上，外贸企业首先要重视贸易管制合规，对外投资行为首先要重视市场准入，对外承包工程首先要重视投标管理，境外日常经营首先要关注劳工权利保护。

在第六条、第七条和第九条中，均出现了贸易管制合规，对此一定要引起重视。外贸类企业在开展合规项目时，应当首先考虑贸易管制合规。

贸易管制又称为进出口贸易管制，即对外贸易的国家管制，是指一国政府从国家的宏观经济利益、国内外政策需要以及为履行所缔结或加入国际条约的义务出发，为对本国的对外贸易活动实现有效的管理而颁布实行的各种制度，以及所设立的相应机构及其活动的总称。目前，对中国民营企业影响较大的是美国商务部工业和安全局（BIS）对货物出口管制的"实体清单"。

涉外业务中的合规要求有以下四点。

1．对外贸易中的合规要求

企业开展对外货物和服务贸易，应确保经营活动全流程、全方位合规，全面掌握关于贸易管制、质量安全与技术标准、知识产权保护等方面的具体要求，关注业务所涉国家（地区）开展的贸易救济调查，包括反倾销、反补贴、保障措施调查等。

2．境外投资中的合规要求

企业开展境外投资，应确保经营活动全流程、全方位合规，全面掌握关于市场准入、贸易管制、国家安全审查、行业监管、外汇管理、反垄断、反洗钱、反恐怖融资等方面的具体要求。

3．对外承包工程中的合规要求

企业开展对外承包工程，应确保经营活动全流程、全方位合规，全面掌握关于投标管理、合同管理、项目履约、劳工权利保护、环境保护、连带风险管理、债务管理、捐赠与赞助、反腐败、反贿赂等方面的具体要求。

4．境外日常经营中的合规要求

企业开展境外日常经营，应确保经营活动全流程、全方位合规，全面掌握关于劳工权利保护、环境保护、数据和隐私保护、知识产权保护、反腐败、反贿赂、反垄断、反洗钱、反恐怖融资、贸易管制、财务税收等方面的具体要求。

二、涉外业务合规风险重点内容

先来看两个例子。

案例1：中兴通讯

2010年1月至2016年3月，中兴通讯向朝鲜和伊朗出口装有原产美国的通信装备，违反了《美国出口管理条例》和《伊朗交易与制裁条例》。

2017年3月，中兴通讯向美国政府支付了约12亿美元的刑事和民事罚金，美国对中兴通讯的调查结束并达成和解。

2018年4月16日，美国商务部又指称，在过去给美国商务部的函件中，中兴通讯存在虚假陈述，进而作出了为期7年激活拒绝令的处罚。

中兴通讯严重依赖从美国进口芯片等元器件，被美封杀，让公司陷入了生存危机。

贸易合规是企业合规管理的重要领域。中兴通讯被美国处罚的时间节点，正好发生在中美贸易摩擦的大背景下，给中美贸易谈判带来了很多不利影响。中兴通讯用数十亿美元的罚款和企业生存为代价，换来了深刻的教训，即我国企业国际化经营，要把合规作为企业国际化战略的基石。

案例 2：中国海外公司

世界银行规定，在参与世界银行项目时，如果企业违反世界银行的采购指南，参与投标的企业或个人就会被该银行列入黑名单，禁止在一定的时间内参与该银行的项目。

正太集团在中国安徽基础设施工业安置建设项目中，为了满足投标要求，提交虚假合同。在评标阶段，世界银行取消了正太集团投标资格。2017 年 4 月，正太集团及其 20 家附属企业因违反采购指南条款，被列入世界银行黑名单，制裁期为 15 个月。

在参与世界银行的招标项目时，一旦被发现串标、违规、腐败等问题，就会被列入黑名单，如此，不仅对企业的经营业绩产生重要影响，还影响企业的信用或声誉，从而影响企业的长期绩效。企业一旦被世界银行列入黑名单，其他国际银行或企业就能通过信息共享和检索，查到企业的违规历史，企业在涉外信贷与合作中就会受到限制，对企业的国际化发展造成负面影响。

防微杜渐，这些教训确实值得跨国企业重视。

不过，目前已有一些走向世界的中国企业建立了企业合规管理体系，建立了完善的企业合规管理制度，可以防范海外经营的合规风险，甚至成为维护企业合法利益的利器，促进海外业务持续稳健发展。下面是几个具体案例。

案例 1：吉利

民营企业吉利是著名的企业，其通过一系列跨国并购措施，迅速成长为全球企业。2014 年，吉利企业开始培育合规文化。企业董事长李书福多次强调，合规承载着企业的梦想。吉利从识别和评估企业存在的合规风险入手，建立了合规制度体系，完善了合规运行机制，强化了合规文化，促进了企业构建全球型企业文化的目标，极大地提高了吉利的软实力。

案例 2：中海油

中海油把安全合规运营作为海外立足之本，遵守业务所在国家和地区的法律法规，在深度融入全球化的进程中，尽力为利益相关方创造最大价值，带动当地经济发展，为海外客户提供更好的产品和服务。

2013 年，中海油因海外企业在从业过程中发现存在合规风险，向总部提出了境外从业中合规管理的需求。之后，由总部牵头，中海油制定了境外机构及员工行为准则，完善了部分合规管理制度。中海油制定了境外机构及员工行为准则，针对海外合规重点领域，编制了《海外反贿赂合规工作指引》《海外资产管理办法》《利益冲突管理办法》等规章制度。这些年来，中海油不断落实合规管理制度，使海外业务实现了合规运营。

这两个案例告诉我们，中国企业也能做好合规工作。企业做好合规管理工作的秘诀在于，企业负责人重视合规并推动合规体系建设，企业搞合规，就要发自内心。

企业走出国门进行投资合作最主要的形式是对外直接投资，即通过新设、并购及其他方式，在境外拥有企业或取得既有企业所有权、控制权、经营管理权和其他权益的行为，也可简单概括为境外新设主体及并购行为。对于开展海外项目的企业而言，涉及多个法域且面临不熟悉的境外法律，跨境合规风险就更为突出。

1．劳动用工

跨国经营的企业要尊重和维护劳动者的合法权益，致力于促进员工全面发展，实现员工个人价值与企业价值共同提升，努力使企业发展成果惠及广大员工。

（1）遵守并认真贯彻执行业务所在国劳动用工相关的法律法规，建立和完善劳动用工制度，尊重和维护员工的合法权益，遵循合法、公平、平等自愿、协商一致、诚实信用原则，依法与劳动者订立、履行、变更、解除或终止劳动合同。

（2）为员工创造公平公正的工作环境，保证合法的工作时长，制定合理的薪资标准，根据能力和绩效考核晋升员工。积极应对由工资或劳动关系引起的诉讼，按规定执行劳资关系纠纷处理程序。

（3）严格执行业务所在国对外籍劳工引进的要求，制订外籍劳工雇佣计划，在劳动关系结束后，将外籍劳动者送返回国；主动为获得入境证的外籍劳动者，申请办理居留工作许可证，建立并维护外籍劳动者信息台账；不能侵犯员工各项合法权益，不能以任何形式规避履行其对员工的法定义务。

（4）严禁雇用和强迫未成年人从事恶劣的工作，如果资源允许，企业可以采取措施保证对各少数群体员工的实质公平对待。不能以任何非法理由和手段进行以统治或控制劳工组织为目的的任何行为，杜绝任何理由的强迫劳动。

2．外汇管理

跨国经营的企业对外汇收支、买卖、借贷、转移以及国际结算、外汇汇率和外汇市场等实行管制措施。

（1）建立并维护境外业务所在国金融机构账户台账，通过专门用途的外汇账户进行国际商业往来支付。通过境外业务所在国认可的商业银行和货币兑换处，进行外币兑换或买卖。

（2）跟踪各业务所在国，对进出入境携带现金数额的限制规定，并提前告知相关员工出入境携带现金数额的限制。严禁未通过在境外业务所在国金融机构开立的外汇账户进行国际商业往来支付。严禁超出业务所在国资金转移的允许范围。在未向海关申报的情况下，严禁携带超过业务所在国规定数额的现金出入境。

3．环境保护

跨国经营的企业应当主动履行环境保护的责任与义务，落实遵守环境保护法律法规的主体责任，严格遵守适用的环境保护法律法规、监管规则、标准规范。

（1）进行环境影响分析，并严格依据经批准的建设项目环境影响报告进行项目设计。

（2）企业主要负责人和安全生产管理人员应当负责办理环境许可、排放许可等环保相关许可证并建立许可证台账，对许可中有关环保或排放等规定的执行情况进行监督。对各类可能造成环境污染的污染源（包括废物、废水、废气等）制定专门的排放管理制度，对排放标准、管理措施、监督措施进行规定，并严格按照制度规定，实施相应管理和监督。

（3）严禁未获得环境许可而从事商业经营、活动或排放污染源。严禁未经许可排放污染物或排放污染物超过规定标准，造成业务所在国环境污染。严禁在建设项目过程中，未按照经批准的环境管理计划实施。

4．知识产权保护

知识产权是创新成果，也是最有竞争价值的资产之一，包括专利权、商标权、著作权、域名等。跨国经营的企业应注重创建、保护和利用企业知识产权，同时要尊重并防止侵犯他人知识产权。

（1）对新的发明创造、产品和服务商标、域名等，要及时依法申请或登记注册，对已取得的权利要及时续展维持，要规范实施许可和转让，切实保护公司知识产权。发现企业知识产权被侵犯时，要及时制止，并注意侵权证据保全，必要时提起诉讼，依法维护企业合法权益。

（2）尊重他人知识产权，对企业业务部门使用知识产权情况进行检查，确保不涉及侵害他人知识产权的行为，如果发现了违规行为，要及时监督整改。

（3）与境外企业合作时，要根据涉外的知识产权开展针对目的国家（地区）的检索与分析，制定可能被侵权或侵犯他人知识产权的防控措施。

（4）不得侵犯他人知识产权，不得未经许可或超出许可范围使用他人的知识产权。未经专利权人许可，不能擅自制造、使用、许诺销售、销售或进口专利产品或直接、间接由专利方法得到的产品，或是使用专利方法。

（5）不得使用伪造文件和材料进行知识产权的注册和申请。

5．数据和隐私保护

数据和隐私保护是指，采取相应的硬件和软件系统，保护企业的各种敏感数据文档不受破坏、窃取、盗用、滥用及其他不法行为的侵害。

（1）实施严格的身份认证和权限管理制度。监控境外业务所在国法律法规对数据的访问及使用相关规定的变化，并及时更新公司规定。对可能存在的风险隐患进行检测评估，对发现的问题及时整改，并将有关情况报送上级部门和主管单位。

（2）进行信息系统的风险审计，相关部门领导与风险审计部门监督整改。未经被收集者同意，不能窃取个人信息，不能向他人提供个人信息。发送的电子信息、提供的应用软件，不能设置恶意程序，不能含有法律法规禁止发布或者传输的信息。对于禁止发布或者传输的信息内容，应当立即停止传输该信息，采取消除等处置措施，防止信息继续扩散。网络运营人员不能泄露、篡改、毁损其收集的个人信息。

三、企业涉外业务合规管理的要点

1．员工管理

员工可以为跨国企业创造巨大的价值，但员工管理也是跨国企业面临的一大挑战。因为在跨国企业中，多数员工都接受过较高的教育，他们愿意接触新鲜事物，善于学习，具有较强的创造性和自主性，同时不愿意受到太多约束，因此，对员工进行合理有效的管理，有利于跨国企业获得持续的竞争力。

跨国企业中，很多员工来自世界各地，拥有不同的文化传统，因此，对员工进行有针对性的跨文化管理及人性化管理，是跨国企业管理的主要特征。要想合理有效地对员工进行管理，可以采取以下五种方式。

（1）给员工充分的发展空间。跨国企业的很多管理者是来自总部的"空降兵"，可能对分公司所处地区的企业文化不太了解，疏于沟通，容易让员工对领导心存敬畏。尤其在一些亚洲国家，很多领导都扮演着说一不二的角色，员工也习惯于听从领导的指令，而在跨国企业里，员工自主性强，不喜欢受约束，在这样的领导下，员工就会处于被动状态，甚至对管理者心生抵触，员工的积极性和创造性就无法被激活。作为跨国企业的领导，应该提前了解不同地区企业文化的工作，并利用不同的企业文化，给予员工充分的发展空间，鼓励员工保持开放的心态，应对工作中面临的各种问题。

（2）激励员工不断创新。跨国企业遍布多个地区，面对不同地区的文化背景，管理者应该保持一种开放的心态，营造轻松的工作环境，促进员工工作问题的解决。不过，这种影响是有限的，因为员工一般都比较独立，工作太过轻松会导致他们过于悠闲，缺乏工作动力，因此，跨国企业的管理者要善于激励员工不断创新，给员工设定合理清晰的目标，让员工有更大的动力去应对更有难度的工作，从而实现自己的价值。

（3）鼓励员工提高学习能力。善于学习是跨国企业员工的最大特点，持续学习的能力，会让员工能快速地学习新知识，在竞争中保持优势。同时，在工作之余员工有更多的自主时间，有利于增强员工的幸福感。作为跨国企业的管理者，也应具备良好的学习能力，帮助员工从失败中吸取经验教训，不再犯同样的错误。

（4）关注员工的优秀品质。跨国企业的管理者要关注员工的优秀品质，使员工的优秀品质得到正面强化，让员工认识到自身的价值。如果员工对待工作的态度是"完成就好"，那他就无法达到最好。跨国企业的管理者要关注员工的优秀品质，发现具有潜力的员工，就可以将优秀员工作为企业的后备力量，在企业需要人才时委以重用。

（5）重视员工的专业素质。跨国企业一般都处于行业领先地位，持有该领域的核心技术，但技术的发展速度是飞快的，只有不断掌握最新的核心技术，企业才能立于不败之地。而核心技术的载体是具有这些专业技术的员工，由此员工的专业素质也就成了企业获得更大利润的关键。跨国企业的管理者只有充分重视员工的专业素质，才能吸引和保留住掌握核心技术的员工，使企业一直处于领先地位。

2．生产管理

跨国企业可从以下五个方面，做好企业安全生产合规管理。

（1）因企制宜，打造企业合规计划。跨国企业应该根据《中华人民共和国安全生产法修正案》的具体要求和行业特点，按照合规管理体系的标准格式，制订或完善合规计划。不仅要健全以企业法定代表人为负责人、企业部门全覆盖的合规组织架构，还要健全企业经营管理需接受合规审查和评估的审查监督、风险预警机制、危机应对与处置机制，不断完善安全生产管理制度和定期检查、排查机制，预防安全事故的再发生。

（2）开展企业全员合规培训。跨国企业要制订安全生产教育和培训计划，建立安全生产培训机制，丰富培训形式和载体，定期组织员工进行岗位作业安全、设备操作安全、消防及用电安全等的相关知识培训，并通过考核，让员工掌握岗位的基本安全技能，定期组织复培。此外，企业还要依法做好应急演练，让从业人员具备必要的安全生产知识，熟悉有关安全生产规章制度和安全操作规程。

（3）对安全生产领域的合规风险识别和评估。跨国企业要将隐患排查治理和建立风险等级管控制度确定为安全生产的双重预防工作机制，保证安全生产的合规检查。跨国企业要开展定期和专项合规检查，由内部管理人员和第三方顾问组成合规检查工作专班，制定合规检查清单，开展合规检查，排查风险隐患，形成合规检查报告，揭示合规风险问题，提出合规整改建议。可以将检查结果作为员工落实安全生产责任的依据，记入其合规考核成绩并与绩效挂钩，也可以作为责任追究的依据。如此，企业才能防患于未然，有效防范安全生产风险。

（4）推进安全生产标准化建设。2020年，国务院安委会印发了《全国安全生产专项整治三年行动计划》，强调要努力推进企业安全生产标准化建设，有效提高企业的安全管理水平。跨国企业要根据自身实际，制定年度安全生产目标，建立全员安全生产责任制，制定安全管理制度和操作规程，排查治理隐患和监控重大危险源，建立预防机制，规范生产经营行业，保证生产经营环境符合安全生产法律法规和规范标准的要求。通过自我检查、自我纠正和自我完善，持续改进，构建安全生产长效机制。

（5）争取适用最高检推行的企业合规考察机制。跨国企业涉及安全生产相关案件一旦被移送检察院审查起诉，企业就要积极争取适用合规考察机制。目前，最高检的合规不起诉试点工作，已经涉及近百家检察院。根据最高检最新的意见，无论是试点地区，还是非试点地区，只要涉案企业符合条件，就适用企业合规考察机制。只要运用好合规不起诉制度，跨国企业就能多一次生的机会，可以避免因一个刑案而毁掉一家企业，把刑事犯罪对企业正常经营的负面影响降到最低。

3．财务管理

跨国企业的财务管理，指的是对跨国企业资金的运用和经济关系进行规划、组织、协调、控制等各种活动的总称。跨国企业财务管理是跨国企业全球策略实现的关键，其财务管理的目标包括发挥经营优势、降低经营成本、提高经营效益。

（1）跨国企业财务管理存在的主要问题。

① 跨国企业的资金管理。跨国企业的资金管理主要体现在三个方面，即现金、存货和应收账款。由于地域和市场的不同，跨国企业的现金管理主要体现在现金余额已定的时候，把多余的资金投入货币市场，涉及投多少与以何种币种进行投资的问题；而国际应收账款主要发生在国外的独立客户销售中，或者是在企业内部附属性企业销售中，面临的问题主要包括收款的速度较慢、支付资金的时间拖延和银行的清算时间长等。对于存货管理，要确定这样几个问题：生产正常进行所需原材料和销售所需货物是否容易中断，以及存货数量的优化和减少，存货占用资金的困难大等问题。

② 跨国企业的外汇风险。外汇风险主要包括由汇率变动引发的风险和由外汇管制产生的风险，具体来说可分成三大类，即交易风险、会计风险和经济风险。

a. 交易风险是指由于使用外币计价引起的债权或债务，到期的结算汇率和交易的汇率不同而引起兑换的盈余或亏损。

b. 会计风险是指把外国的子公司用外币进行编制的财务会计报表，换算为用母国的货币标示的财务会计报表，一旦交易日的汇率和换算日的汇率出现差异，就会导致兑换损益。

c. 经济风险是指实际汇率发生改变，对两国之间的市场吸力造成影响，从而影响跨国企业的收益和成本的竞争优势，引发现金的流量变化，从而导致汇率风险。

③ 跨国企业的海外投资和融资。跨国企业进行海外投资，其主要

目的是取得更加广阔的市场和更高的经营利润，既然是投资，就必然会涉及渠道的问题。

跨国企业的融资渠道主要包括内部来源和外部来源两个方面。其中，内部来源主要指的是子企业的盈余、母企业和子企业投资与融资；外部来源指的是外部借款、股票的发行和企业的债券等。一旦企业的融资来源扩大到国际市场，就会受到来自各国政府的不同管制、交易成本、财务和外汇等风险影响，所以跨国企业融资的风险很大，管理难度也比较高。

（2）跨国企业财务管理合规的主要内容。

① 财务风险管理。跨国企业的财务管理是建立在一般企业财务管理的基本原理之上的，一旦企业的财务活动跨越国境，那么处于不同经济状况、政治气候、法律环境、文化背景下的财务管理问题，就会变得更加复杂。在复杂的环境中进行运作的跨国企业，受到诸多不确定性因素的影响，就会面临可能收益或潜在损失，因此，跨国企业要具体分析、评估国际形势和各国情况，提高财务决策的正确性和及时性。

② 筹资管理。在筹资管理方面，跨国企业应做好如下工作：确定投资需要量，合理确定筹资数额，安排资金结构；拟订两个以上可行的筹资方案，并对其进行经济分析，从中选出最优筹资方案；优化资金结构，降低资金成本，防范筹资风险。

③ 投资管理。跨国企业投资是指企业将筹集到的资金用于国际生产经营活动，从而获得比国内经营更高的利润的一种经济行为。跨国企业的国外投资可以分为短期投资和长期投资两种。为了提高投资管理的

效率，跨国企业应做好如下工作：把握投资机会，拟订两个以上的投资方案；对投资方案进行可行性研究，评选出最佳投资方案；实施最优投资方案，降低投资风险，提高投资收益。

④ 营运资金管理。在跨国企业的财务管理中，跨国企业营运资金管理主要包括营运资金的存量管理和营运资金的流量管理。

a. 营运资金的存量管理，需要着眼于各类资金处置，目的是使现金、应收账款和存货处于最佳持有水平。其管理的重点在于：妥善处理好各资产的组合关系，使企业及其所属各子、分企业，对流动资金的占用实现最优配置，对国际企业短期资金的来源渠道和货种做出选择。

b. 营运资金的流量管理，需要着眼于资金从一地转向另外一地，目的是使资金得到合理安置；确定最佳的安置地点和最佳的持有币种，避免各种可预见的风险和损失。要想做好营运资金管理，就要做到以下几点：保持合理的资金结构，改善资金的营运环境；加强现金、应收账款和存货管理，提高管理水平，制定内部转移价格，谋求企业最大利益；分析资金营运情况，发现并解决问题。

⑤ 纳税管理。跨国企业要实现整体税后收益最大化的目标，就要充分、合理地组织资金流动，加强收入费用的管理，控制国际税负，力争使企业整体税负最低。为了减轻税负，加强纳税管理，跨国企业要做好如下工作：熟悉有关国家的税法，选择税负较轻、税收优惠较多的国家进行投资；掌握企业所在国与子企业东道国签订的关于避免双重征税的协定。

⑥ 避免重复征税。通过企业内部转移价格，将利润由高税国向低

税国转移，减少税款支付；将企业从子企业分得的利润，用于国外投资，减轻税负并避免重复征税。

4．供应链管理

跨国企业中的供应链管理，主要包括商务合规管理、成本合规管理、采购合规管理、采购计划合规管理、仓储物流合规管理工作。

（1）商务合规管理。商务工作主要包括寻源、谈价、供应商管理、供应商关系维护等。

① 寻源。寻源就是找到合适的供应商资源，一般在以下几种情况下，需要做供应商寻源：一是为新产品找到供应商，二是由于某些原因（如成本迭代、产地转移等）需要寻找新的供应商。寻源是一次性行为，只要选定了，就比较稳定，除非供应商出现了质量、价格、交付等问题而无法接受，才会寻求替换。

完整的供应商寻源过程包括需求分析、供应商寻源、供应商分析和供应商决策四个阶段。

a. 明白企业的需求。这是寻找供应商的依据。采购需求或由产品经理提供，或由电子研发、结构研发提供。一般来讲，采购需求包括材料要求、工艺要求、数量要求、品质要求、地域要求、规模要求、时间要求等。

b. 开始找供应商。成熟的跨国企业一般都有现成的内部供应商资源库，多数情况下在资源库中就能找到合适的；如果没有资源库，就到外部寻找。

c. 进行几个维度的分析，对供应商进行横向对比，包括：供应商的产品能力、供应商产能、生产品质管理、产品品质界定、商务条件、供应链管理能力、供应商的抗风险能力等。

d. 选择供应商。在众多供应商中，通常选择两家，一主一备。

② 谈价。从采购角度看，谁都希望能拿到一个好的原材料价格。所谓好价格，并不是最低的价格，而是结合产品的品质来看的。好的产品加上合适的价格，是比较理想的状态。在寻源过程中可以多问几家，然后去掉一个最高价，去掉一个最低价，从中间几家中选定最终的产品。跨国企业要了解市场行情，例如，供应商通常会在行业基础报价水平上，增加一些差异化优势来提高价格。企业只要知道差异性并非不可替代甚至是同质化的，就可以避免这种无谓的抬价。

③ 供应商管理。与供应商建立合作关系后，企业可以定期安排一些活动，对供应商进行管理，这些活动包括信息交流、供应商激励和供应商评价。在企业和供应商之间，可以定期就行业信息、产品技术、市场趋势、成本信息、品质把控等各方面信息进行交流，保持双方之间信息的一致性和准确性。要保持长期的双赢关系，这对供应商的激励尤为重要。

④ 供应商关系维护。为了提高未来的合作关系和合作质量，供应商评价可以和回访一起做；制定供应商评价表格，通过若干维度来对一家供应商的综合表现作出评价；评价和回访可以固定周期，比如每个季度一次；评价表格内容可以在企业内部各部门收集，信息来源于供应链部门、产品部门、研发部门等；带着评价表格到供应商处拜访交流，定期总结上个周期做得好的经验，需要提升的不足之处。

（2）成本合规管理。在同样的产品性能和品质前提下，产品成本越低，产品竞争力就越强；高质量的产品，能让跨国企业保有持续的生命力，低成本能让企业拥有更多的利润空间和更大的发展空间。从供应链角度看，企业可以重点抓一下采购环节的成本控制。众所周知，东西买得越多，价格越有优势，因此，企业在采购过程中，要避免多供应商、多批次的零散采购。如果有大批量采购，可以和供应商签订长期稳定的供应合同。需要注意的是，采购量的增大容易造成库存积压等问题，既会占用库存、增加仓储管理难度，也会增加企业的资金压力。如果是大批量采购，可以要求供应商分批交货，占用供应商的仓库，而不是自己家的仓库。放到自家仓库一段时间后，使用量和频度都急剧下降，就会变成呆滞物料（物料的最后移动日至盘查日时，其时间间隔超过180天）。在企业发展初期，有些产品为企业创造了不少价值，但随着行业的发展或企业自身的进步，这些产品的利润已经不大，对企业的整体贡献逐渐变小，这些产品完全可以找别人做，以便节约更多的人力成本。

（3）采购合规管理。采购是指，跨国企业在一定条件下，从供应市场获取产品或服务，保证企业生产及经营活动正常开展。简单地说，采购就是从资源市场获取资源的过程。

采购包括两个部分：一个是商流过程，一个是物流过程。

① 商流过程，主要是通过合同签订、财务付款等环节，实现所有权转移。

② 物流过程，主要是通过包装、运输、存储、装卸、流通加工等手段，进行商品时间和空间的转移。

影响采购的因素，主要有品质、价格、交期、服务、配合度等方面。

（4）计划合规管理。计划可以拆解为几个层级，分别是需求计划、主生产计划、物料需求计划、采购计划和配送需求计划。

① 需求计划。基于历史订单、现有订单、市场情况、企业战略情况，预测未来有多少需求，换句话说，就是从市场客户端角度，预测未来每个月／周／天预计销售多少产品。

② 主生产计划。确定每个具体产品在每一具体时间段的生产数量的计划，需要结合经营规划和销售规划，制定与之协调的生产规划，即根据需求和产能平衡，计划何时生产多少。

③ 物料需求计划。产品是由物料组成的，组成物料的清单就是物料需求计划。在需求和主生产计划明确的前提下，结合产品物料需求计划，就可以分解到何时需要多少材料和部件的物料需求计划。通常，这个步骤都是通过 ERP 系统，由计算机运算出来的。

④ 采购计划。在采购计划中要明确如下几点：向谁采购什么，何时下订单，要求何时到货？

⑤ 配送需求计划。即有多个成品仓库时，如何安排每个仓库的配送计划。不难发现，需求计划是所有计划中的源头，如果预测不准，那么后面的计划就会变得非常混乱。对于需求计划，一般由市场人员或产品人员提供，或者一起提供。

（5）仓储物流合规管理。所谓仓储物流，就是利用自建或租赁库房，储存、保管、装卸、搬运、配送货物，以仓储为中心，促进生产和市场的同步。仓储物流包括两个概念，即仓储和物流。

① 仓储。仓储主要做的是入库管理、在库管理、出库管理三件事情。从本质上说，仓储是一个为生产和交易服务的环节。

② 物流。所谓物流就是物的流通，是供应链活动中的一部分。物流管理主要包括运输、库存、包装、搬运、流通加工和信息管理。

5．合同管理

从本质上说，合同就是对变化的控制。

合同管理是在发现价值和控制风险的各项策略中，最简捷、有效的策略，是一种可系统化设计和可操作的战略管理工具，在不同背景和不同生产要素效率的环境下运作的跨国企业，确立合同管理的核心位置和集中管理合同尤为重要。

对合同进行集中管理，可以有效控制系统性和非系统性风险，动态整合企业和不同业务单元的营销、生产、财务、人事、采购和外包策略，保证资源的有效流动，使跨国企业成为有序的动态系统，适应环境，不断进化。

为了提高合同管理效率，就要设置专业化、知识化和具有履行监控权力的合同管理部门，派驻专业合同人员到业务单元，参与合同策略的设计、谈判和履行等工作。

（1）根据东道国的既定契约和企业的风险控制能力，制定不同行业、不同交易额度和不同信用水平的合同范本，通过总部审核后，一次性发布并实施。

（2）在合同范本的基础上，改变企业合同内控权限指引，简化审核流程。

（3）结合企业、子企业、项目的年度计划和预算，授权子企业负责人和项目负责人一定范围的审批和签约权力；执行结果按规定流程上报，集中管理。

（4）合同范本变更或出现与企业业务范围、战略、计划和预算不一致的地方，执行合同重大变更管理流程。

（5）提高合同生命周期管理流程的及时性，确保合同策略与企业的整体战略、财富和资产的安全。

四、应对涉外业务合规风险的主要方法

1．海外投标过程中的合规工作

在海外投标过程中，企业应做好对招标方及项目的合规资格审查，对属于高风险级别的招标人或项目，原则上应当不予投标。具体风险等级的划定以及审批程序，应由各海外经营主体根据企业自身情况制定的合规管理制度来确定，具体还应注意以下四方面合规问题。

（1）要求海外市场开发人员／商务人员在递交标书前，务必对可能存在制裁影响或其他海外合规风险的国别／区域进行海外合规尽职调查平台检索，根据海外合规尽职调查结果来确定是否参与该项目的投标。

（2）务必做好投标书和对外递交法律文件的合规审核，确保信息披露准确、支撑文件内容真实可靠，确保投标行为合规。在此过程中，尤其要注意所投标项目的资金来源，如有涉及世界银行等国际多边金融机构投资的项目，投标单位除要遵守项目所在国投标的相关法律外，还应当符合世界银行等国际多边金融机构的采购与反腐败指导方针以及相应制裁体系下的合规要求。因为一旦被认定为有欺诈、腐败、串通、胁迫、阻碍行为的，投标企业将面临被取消投标资格、损害赔偿等制裁，同时，其附属企业也将受到牵连影响而不能参与国际多边银行投资的项目。

因此，海外合规人员应严格按照企业的合规管理体系进行海外投标文件审核，杜绝为了满足招标要求而提交虚假文件、伪造过往资质（合同价值、完成日期）、伪造人员简历、财务周转情况；提交虚假投标保函或关键授权；以及不披露代理和佣金、分包商等情形。

（3）投标信息管理和相关信息披露程序，均须符合企业的合规管理要求。当参加世界银行、亚洲开发银行、非洲开发银行等国际多边开发银行融资的各类项目（包括但不限于施工、设计咨询、规划研究）采购活动时，不论以何种形式和品牌进行投标，均应在制作投标书及对外澄清答疑时，高度关注招标书、业主或者其他相关方来函等书面文件中的披露及投标资格等条款，如不符合投标资格则严禁投标，如符合投标资格则应按照招标书及文件要求进行如实披露。

对于招标书中不同的披露要求，例如，投标品牌或其母/子企业在"过去 n 年被国际金融机构或政府机构的制裁情况""目前被国际金融机构或政府机构的制裁情况"等，要求投标单位要区分清楚，针对招标书的具体要求如实披露。如招标书中要求披露参与投标的"联营体、合资方、分包商、供货商等相关合作方的被制裁情况"的，投标单位还应对上述合作方进行合规尽职调查，以确保合作方未处于国际多边开发银行的制裁期内。如有涉及制裁情况，务必按招标书要求如实披露，并对合规记录做好保管。

（4）加强对境外机构负责人、投标代表、签约代表等人员的授权管理，防范境外授权合规风险。严格执行在海外没有授权委托书，就不能代表企业进行相应的境外生产经营活动的规定。在授权有效期内，被授权人员应签署合规保证书，并严格按照合规保证书的要求和授权范围开展工作。如在项目执行期间授权委托失效，应及时办理续期；根据境外生产经营实际需变更、撤销境外授权委托的，应及时修改、撤销委托；必要情况下，还应向与该授权有关的外部机构、利益相关方，发送授权委托书失效声明。

2．项目属地化管理过程中的合规要求

（1）境外机构设立中的合规要求。根据国际化经营的要求，企业若在境外依法设立并登记注册全资子企业、控股企业、参股企业、分企业等，涉及企业的设立方式、组织架构、股权结构、与第三方合作形式等内容，应由专业机构对当地相关法律、税务等制度进行尽职调查，并办理相关设立手续。在聘用当地律师、会计师或聘请专业机构前，应当对该人员或机构进行合规调查，并由其签署合规声明和保密协议。在当地与第三方成立合资企业或其他形式的法律实体时，也应当提前对该第三方企业进行合规审查，履行必要的合规风险审查程序。

（2）项目执行过程中的合规要求。

① 项目管理与劳动用工属地化。无论是企业在项目所在国成立的境外机构，还是依托于项目的管理实体，均要严格按照所在国相关法律规定行事，满足当地对于施工管理、资金管控、税收安排、劳工权益、出入境签证等方面的强制性要求，避免因违规遭到投诉或者引发劳务冲突和纠纷。尤其要注意遵守项目所在国对外国投资者引入本国劳务人员的限制规定，尤其是输入经营管理类人员。同时，需要对项目所在国聘用的外籍员工（尤其是高风险岗位员工）进行合规背景调查，履行相应的审批流程，并做好合规培训。

② 采购属地化。海外项目实行属地化采购，应遵守所在国关于招标采购方面的法律规定和要求，同时，必须对拟开展合作的所有供应商进行合规资格审查，要求其签署合规声明。如在项目所在国涉及美国商务部实体清单的受管控实体实施采购时，应履行相应的合规尽职调查流程，确保供应链合规。

③ 社会文化属地化。海外项目属地化管理，一方面要求跨文化团队充分融入当地社会环境、了解当地文化习俗，一方面又要抓合规经营，因此，要求各海外项目的合规人员在日常的项目管理过程中，注意社会关系的维护与处理。涉及现金支付、礼尚往来、捐赠或赞助等情况时，应严格执行相关合规审批程序及限制，并做好合规记录和存档工作。

此外，如果企业的海外项目自身或合作伙伴因违反或疑似违反当地的地方性法规，触犯反腐败国际条约，或触发国际多边银行的调查／制裁机制，出现对企业及相关单位声誉产生较大影响的违规报道等情形的，应在重大合规风险事件发生后的 24 小时内，向所在单位合规官报告，由企业总部负责合规事件的舆情风险控制与处理。

3．海外项目商业秘密保护中的合规工作

在美国出口管制制度和经济制裁机制成为经济新常态的国际大背景下，企业商业秘密的保护也成为海外合规体系的一个重要部分。具体合规业务有以下三个方面。

（1）涉密人员的管理。各企业应明确涉密人员岗前、在岗、离岗及离职期间的保密要求，对在岗人员进行保密培训。内部涉密人员上岗前应签署保密承诺书，离职前应签署竞业限制协议，并实行脱密期管理。尤其是海外项目在拟聘用外籍人员或海外归国人员时，应重点关注其背景调查和报批流程。如有需要，可通过海外合规尽职调查检索平台，查询该人员是否为被制裁对象或受制裁牵连影响，以辅助对涉密人员的合规审查工作。

（2）对合作方的管理。企业对分包商、供应商、中介机构、代理、顾问等合作单位应做好登记管理。在签署业务合同时，应规定保密条款或同时签署保密协议，明确合作方的保密责任和义务。

（3）宣传报道的管理。有关海外项目的宣传报道，在纸媒或者电子媒介上公开发布前，应当经过企业的合规部门审批。涉及境外施工区域、融资内容、商务信息、项目技术成果等需要对外公开宣传的，必须基于审慎原则，经合规部门 / 保密办公室审核批准后，方可对外公开发布。任何公开宣传的项目信息、敏感业务等触及商业秘密的，应当在企业总部相关职能部门的协调下，统一做出公共关系处理安排。

第十三章　舞弊防范

一、认识舞弊及舞弊的危害

先来看一个案例。

2021年2月2日，腾讯集团反舞弊调查部发布了《腾讯集团反舞弊通报》。该通报显示，自2019年第4季度至通报发布之日，腾讯公司共发现并查处违反"腾讯高压线"案件60余起，100余人被辞退，40余人因涉嫌犯罪被移送公安机关处理。其中，被移送公安机关处理涉及的主要罪名是职务侵占和非国家工作人员受贿。最后，腾讯还公布了永不合作的主体清单，并附上了举报邮箱地址和电话。

上述案例告诉我们，公司在生产经营过程中，总会遇到各种各样违反法律法规以及公司内部规章制度等的员工，这类人群的行为会严重损害公司利益，因此，查处舞弊行为、净化公司治理环境、重视舞弊防范工作成为公司的一项重要内容。

舞弊一般是指被审计单位的管理层、治理层、员工或者第三方，使用欺骗手段获取非法利益的故意行为。舞弊的"三角理论"认为，导致舞弊的因素有三种：压力、机会和借口。本章所讨论的舞弊防范是企业在合规管理过程中，对重点员工的履职行为进行舞弊防范，重点员工主要是指财务会计人员及管理人员。

有的观点将舞弊定义为广义舞弊，即将企业内部人员和外部人员所有违法违规行为以及违反公司章程、规章制度的故意行为都视为舞弊。例如，企业员工贪腐一般主要体现在两种犯罪类型中，即职务侵占罪与商业贿赂罪，其中非国家工作人员受贿罪与对非国家工作人员行贿罪是对合犯罪的关系，即有受贿便会有行贿的关系。这三个罪名是企业在生产经营中经常会遇到的犯罪类型。由于企业的发展壮大，《中华人民共和国刑法》规定的非国家工作人员受贿罪已经不能满足打击需要，因此，2021年，《中华人民共和国刑法修正案（十一）》加大了对非国家工作人员受贿罪的打击力度，将原来的两档刑调整为三档刑，将该罪法定最高刑由15年有期徒刑提高至无期徒刑。同样，对于职务侵占罪，《中华人民共和国刑法修正案（十一）》中，亦将原来的两档刑调整为三档刑，将该罪法定最高刑由15年有期徒刑提高至无期徒刑。再如，审计人员的舞弊行为，又称为审计欺诈，是指审计人员为达到欺骗他人的目的，明知被审计单位的财务报表有重大错报，却加以虚假陈述出具不当审计报告的行为。情节严重的，构成《中华人民共和国刑法》第二百二十九条规定的提供虚假证明文件罪或出具证明文件重大失实罪。但无论是何种犯罪类型，也无论是企业内部还是外部人员，广义的舞弊观点认为，刑事犯罪行为也属于舞弊行为的一种。但本书并未采取这一观点，本书所称的舞弊行为是指企业内部财务会计人员及管理人员故意的、有目的的、有预谋的、有针对性的财务造假和欺诈行为。这类人员也是合规管理中的重点人员。

舞弊行为一旦出现，就会在许多方面表现出各种迹象，比如，会计人员频繁离职、变更注册会计师事务所、关联交易频繁、管理层经常发生变动或抛售其所持有的股票等。

为了获取不正当利益，重点人员故意违背真实性原则，导致会计信息失真，就会给他人、企业乃至社会带来严重危害，具体表现为如下几个方面。

1．损害会计信息使用者的利益

企业公开向市场提供的财务会计信息一旦失真，投资者就会觉得自己上当受骗了，也就不会对企业进行投资了；同样，如果金融机构知道企业提供的报表是假的，也就不会再给企业融资了，因此，会计舞弊所导致的会计信息失真，是与市场经济严重背离的不法行为。

2．保护以权谋私的行为

会计人员做假账，某些违法违规的行为就可能蒙混过关。比如，人为调节收入，收入就会失真；虚列成本，成本就会失实；虚增、虚减利润，虚列投资收益、虚假负债等，都会导致利润指标失真，由此，就会助长行贿受贿、贪污腐败等丑恶现象的发生，阻碍企业的发展。

3．损害社会风气和职业道德规范

通过会计舞弊，当事人就能利用职务之便，侵吞、盗窃、骗取或非法占有公有款项和公有物品，获得个人利益。这些人将会计职业道德置之脑后，滋生腐败导致堕落，败坏社会风气。

4．影响国家宏观经济决策

会计舞弊行为会导致企业报送给税务部门的会计信息严重失真，使得政府出台的政策失灵，无法有效调节国家宏观经济，从而影响经济秩序正常运转。

5．造成资产账实不符

会计舞弊行为会造成企业资产账实不符。比如，人为调节固定资产的折旧方法，会造成固定资产价值与实际价值不符；企业存货积压严重，变现能力较差，使账期价值低于市场价值，从而无法反映变现净值。

6．造成税收和国家资产流失

目前，我国税收的主要来源是企业缴纳的流转税和所得税。而有些企业恰恰喜欢通过造假账、虚增支出、隐瞒利润等方法，制造账面亏损的假象，从而逃避缴纳税款。

二、舞弊的主要形式

目前，很多企业的会计舞弊现象较为严重，主要是为了偷税避税、美化财务报表等，以获取更多的资金和利益。

财务会计舞弊的形式多种多样，现主要列举以下几种形式。

（1）企业的账面数据显示利润为负，并出现连续亏损，但从实际情况看，企业又在不断扩充资本，扩大生产规模，固定资产和借款都在不断增加，这就说明企业的财务数据很可能存在制假造假的可能。

（2）企业利润表上的数据显示毛利润为负，这种情况一般出现在企业的初创期，因为这个时期的企业刚刚起步，投入多、收入少属正常现象，但当企业步入正轨、进入成长期或成熟期时，如果报表上还显示其毛利依然为负，但经调查，发现企业规模很大，且又不存在经营不善的情况时，那这说明企业很大可能存在隐性收入，有成本造假的行为。

（3）水电费等开支的增长率远大于收入的增长率。通常，企业水电等费用与其规模成正比关系。如果水电费的市价没有明显变动，而企业的水电费却大大增加，同时企业的收入却没有正比增加甚至减少，那么说明企业很有可能存在伪造费用成本、隐瞒收入的行为。

（4）为了人为控制利润，有意识地拖延收入的确认时间或故意缺记。例如，产品已经发货或已经获得验收凭证，但没有及时开具发票，使得收入无法确认，从而形成延迟收入，给会计舞弊带来可能。此时，要想辨别这种舞弊行为，可以查询预收账款，如果显示企业的多数收款都成功且与企业发出商品相符合，那么就说明企业在故意延迟确认收入时间。

（5）对增值税专用发票的开具做手脚。通过将固定资产的成本计入当期生产成本，将原本的不可抵扣进项税额变为可抵扣进项税额，少缴增值税。例如，让售货方将原本应开具的购买固定资产的发票改为购买一般消耗性材料的发票。

（6）通过应收应付账款人为控制利润成本。将应计收入挂在应付账款、预收账款或其他应收款中，或将预收账款直接转入收入，将抽离的资本金或部分成本费用挂在预付账款或其他应收款中。

（7）为了偷税避税，减少税费开支，选择增大成本费用额。例如，对应该资本化的支出不资本化，计入当期费用，如将新建固定资产、购入无形资产或其他长期性资产等计入当期费用。

（8）做大存货成本，减少折旧年限，使资产折旧额增加。摊销费用、无形资产成本的增加都会增大成本项目，使账面利润减少，甚至表现为亏损。

三、舞弊行为存在的原因

舞弊行为之所以存在，是因为有下面两方面的原因。

1. 内部经济利益的驱动

在与会计信息相关的利益中，处在首位的是企业利益。企业与国家的关系，既存在着统一，又存在着矛盾，而这种矛盾其实就是经济利益分配的矛盾。我们需要明白，国家凭借强制力取得发展的物质基础——税收，而企业获得生存和发展的物质基础是利润。为了得到更多的利润分成，有些企业就会让会计千方百计地做大利润，制造虚假的财务信息上报国家。

私营企业财务舞弊的目的更加明显。为了逃避国家税收，有些私营企业千方百计地隐瞒收入。为了获得个人利益，企业负责人也会通过制造虚假财务报告，以获取职务、薪金、股票升值等方面的利益；而会计人员是会计信息的直接生产者，为了自身薪金、升迁、奖励等利益，就会按企业负责人的授意制造虚假的财务信息。

2. 外部环境的造就

舞弊行为的产生还依赖于一定的外部条件，主要包括法律环境、政治环境和会计人员的业务道德水平等。如果这些外部条件欠缺或不完善，也会造成企业舞弊现象的出现。

（1）法律环境的缺陷。从一定角度来说，财务舞弊的产生与一定时期的法律环境密切相关。

① 受处罚力度和处罚执行情况的制约。企业虽然制定了各种会计制度，但如果在执行过程中，工作人员本身就存在舞弊行为，收受贿赂，恶意串通，即使制定了再多的规章制度，那也只能变成一纸空文。同时，执法机关有时也会为了自身利益，对财务舞弊单位更多的是给予罚款。企业财务舞弊行为严重，一旦生产经营活动被终止，税务机关就会永远丧失该企业的税收，税务机关也会陷入无税可征的尴尬境地。

② 受法律制度科学性和及时性的制约。会计工作含有较高的技术含量，还有一定的规律性；会计法规的制定建立在会计实践的基础上，如果会计法规本身存在缺陷，那么就会给不法分子提供钻法律空子进行财务舞弊的机会。另外，随着社会生活的发展，财务舞弊行为的手段越来越高，法规的制定却具有一定的滞后性，这就为财务舞弊的产生创造了条件。

③ 受会计法规可操作性的制约。在会计法规中，对于财务舞弊的判定标准需要一定的可操作性，执法部门才能对财务舞弊行为进行认定和管理，因此，制定会计法规时，不仅要设定一定的判定标准，还要尽可能地制定相应的定量判定标准，为会计法规的执行奠定良好的基础。反之，会计法规含糊不清，可操作性不强，具体的贯彻执行就会大打折扣，从而引发财务舞弊行为。

④ 受人们法律意识的制约。一定时期内，人们的法律意识和法律观念会对法律法规的遵守情况造成直接影响，只有人们的法律意识强了，才能自觉遵守会计法规的有关规定。

（2）政治经济环境中存在的问题。目前，我国法律法规还不健全，经济管理工作还需要依靠各种行政手段。如果行政管理部门不能很好地发挥其工作职能，袒护和纵容会计工作中的不法行为，就会给舞弊行为提供温床。比如，在个别地区和部门，某些领导为了一己之私利，突出自己的"政绩"，要求企业上报夸大的业绩指标，提供虚假会计信息；有些监管部门对企业监管不力，对财务舞弊行为不管不问，企业的财务舞弊行为愈加严重。

（3）会计人员的业务和道德素质。会计人员是财务舞弊的直接参与者，但由于部分会计人员业务素质低下、道德水平不高，所以要想让会计人员自觉抵制来自各方面的压力和诱惑，就要提高他们的业务素质和道德水平，但这样做的结果，不仅会牺牲会计人员在企业的利益，企业还要因此承担巨大的风险，所以，如果没有良好的法律环境、经济秩序和必要的行政手段作为后盾，仅提高会计人员自身的业务道德素质，是无法彻底消除财务舞弊行为的。

四、舞弊的防范方法

随着经济全球化、商务电子化和管理信息化的快速发展，近年来暴露出的舞弊案件数量也逐渐上升，有些重大舞弊事件，不仅给企业带来了重大的经济损失，还带来了名誉损失。

企业为了减少因舞弊带来的损失，就要防患于未然，需要采取有效的措施进行舞弊防范，也称为反舞弊。比如，加大环境控制力度、提高风险防范意识、正确控制活动……一个设计和运行良好的反舞弊管理框架，不仅能够使企业合理配置资源，提高经营效果和效率，还能极大地降低舞弊风险。

那么，企业如何才能在管理过程中建立有效的舞弊防范制度呢？这里，就来介绍一下反舞弊制度建立的八步法，具体如下。

第一步，增强反舞弊意识，营造反舞弊环境。

首先，企业要建立高层管理基调、宣贯职业道德守则，以及将激励约束机制与道德行为挂钩等。其次，强化董事会职能，完善法人治理结构，使权力有所制衡。

第二步，做好舞弊风险评估，识别舞弊风险因素。

风险评估及识别的方法主要包括：问卷调查、访谈和研讨会，以及对已知舞弊事件的分析等。在中国经营环境下，通过对公共记录和媒体信息的搜索，对业务合作伙伴（如客户、分销商、供应商等）及商业模式进行尽职调查，就能从根源上评估在现有商业模式下可能存在的舞弊风险。

企业在评估舞弊风险时，必须有全面完整的流程风险评估，着眼于整个分销网络，包括对各个层级分销商之间的货物和单据流转、IT 系统支持、合约中的商业条款和非合约中的商务约定、分销商和终端客户的合约模式等。

第三步，识别针对舞弊热点的内部控制。

识别针对舞弊热点的内部控制，评估内控设计及运行的有效性，最常见的控制活动包括：正式的授权审批体系，对不相容职务进行分离，制定资产安全控制制度，敏感岗位的轮岗或强制休假安排等。

第四步，建立持续监督机制。

通过自我评估、内部审计和内外部举报等途径，对内部控制的有效性进行持续监控。一个独立的、有效的内部审计职能，不仅可以协助管理层对企业内控体系进行持续监督，还能对潜在的舞弊行为进行震慑。一般来说，内部审计越独立、职责范围越广，发挥的作用就越大。

第五步，建立舞弊事件登记簿。

对于已知的舞弊事件和举报事件，要做好详细记录。不仅要对这些事件进行分析和评级，还要及时向管理层和董事会报警，进一步对相关控制的有效性和适用性等进行评估。

第六步，定期进行反舞弊培训。

反舞弊培训内容主要包括：对董事会及总部和各分支机构管理层的定期培训；在新员工入职培训中，加强企业文化、职业道德、利益冲突和举报途径等内容的培训；对外部业务合作伙伴，如客户、分销商、供应商等，进行反舞弊相关培训等，确保内外部人员及时了解企业的反舞弊规定和内控措施。

第七步，对反舞弊管理框架进行反思。

首先，评估现行的框架是否适应企业经营的内外部环境变化。其次，结合以往发现的舞弊漏洞，看看改进反舞弊管理框架的机会有多大。

第八步，完善反舞弊管理框架。

首先，就该变化取得董事会和管理层的审批，对框架的改变以版本控制的方式进行记录。其次，对员工和外部相关人员进行培训和沟通。

上述八步法是一个循环的、动态的管理过程。随着环境的改变和企业的发展，舞弊的风险因素也会不断变化。只有持续完善和健全企业的反舞弊管理框架，才能有效预防经营管理上的漏洞，从而更好地降低舞弊风险。

防范舞弊行为的具体方法有以下几方面。

1．廉洁文化建设

企业要以宣传教育为先导，大力弘扬廉洁从业理念。

（1）利用廉政建设和反腐败工作会、各种重要会议、企业内部网站、自媒体、党风廉政建设宣传栏、微信工作群等载体，对员工进行"不忘初心、牢记使命"主题教育，制定廉洁从业制度，向员工宣讲廉洁文化建设工作要求，让廉洁知识、理念、制度、行为规范等深入人心。

（2）让员工树立正确的人生观、价值观和权力观，把培育"自律是宝、他律是爱、律他是责"的廉洁从业理念作为重要内容，引导员工树立"廉洁是业绩也是生产力""腐败就是自毁、监督就是关爱"等观念，进一步提高员工的拒腐防变能力。

（3）营造廉洁氛围，企业要把廉洁文化纳入文化建设，与社会主义核心价值观、社会公德、职业道德、个人品德、家庭美德教育等有机地结合起来，通过多种方式，推进廉洁文化的宣讲。比如，举办警示教育讲座，组织员工参观警示教育基地，宣传先进典型事迹，剖析通报典型案例，开展履职约谈，重大节日突击暗访，廉洁短信提醒，签订廉洁从业承诺书，与外协队伍签订廉洁合同等。同时，企业要扩大廉洁文化教育对象的覆盖面，增强廉洁文化的亲和力和感染力，形成"人人思廉、人人得廉、人人促廉"的良好氛围。

（4）开展廉洁活动，加强宣传。为了强化制度建设，企业要开展"廉洁文化进家庭"活动，将"廉洁"从业宣传教育和防控向家庭延伸和拓展，提高全体员工及家属的反腐倡廉意识，加强廉洁文化教育人、感染人、培养人、锻炼人的效果，深化廉洁文化建设。

（5）落实廉洁制度。企业在签订工程、劳务合同的同时，还要跟供应商、劳务队伍等签订廉洁协议条款；个人利益与企业利益发生冲突时，要遵守回避制度；未经批准，严禁以企业以外的名义，持有企业资产或账外存放资产；严禁违规对外提供担保，拆借资金，不能违规对外提供放账，不能泄露企业机密；不能向任何有关商业关联的企业或个人索取现金或非现金的优惠；不能接受可能影响商业决定或有损独立判断的商务馈赠；让所有人都要明确承诺的诚信行为，如合法经营、依法纳税、不搞假业绩、不做假账、不欺骗股东、不欺骗领导、不欺骗员工、不欺骗客户等；专心经营主营业务，严禁擅自经营非主营或非核心业务；严禁伪造合同单据、做假账、谎报业绩；严格按照程序报批有关投资项目，严禁违反程序进行投资；勤俭节约办企业，不住套房、不违反禁酒令、不奢侈浪费；充分发挥宣传和培训工作的作用，确保员工了解并理解诚信文化是企业的核心价值观；创建并确保诚信质疑渠道的畅通；鼓励遵守道德准则及遵纪守法的行为，对违反诚信原则的违规行为及时处理或纠正；开展多层级诚信文化建设培训，尤其要针对诚信高危风险进行培训；明确什么是诚信行为，应该受到什么表彰，什么是不诚信行为，应该受到什么处罚；采取有效措施和方法，对员工的诚信问题进行提醒和提出新要求。

（6）建立制度落实监督监察体系。及时处理违法事件或不诚信事件，发挥警示警告作用；建立信息发布审查机制，确保发布信息的真实性；及时处理外部投诉和网络负面舆情，并不断加以改进。

2．舞弊举报线索来源

关于舞弊举报线索的来源，一般有以下几个方面。

（1）来信。通常，来信要经历拆信、装订、阅信和登记四个步骤。

① 拆信。确保来信人的地址、姓名等关键信息的完整性，对随信寄来的其他材料进行清点和登记，以免遗失。

② 装订。将信封与信笺一起装订起来，信笺在上，信封在下。

③ 阅信。仔细阅读举报材料，了解来信反映的主要问题等，不能对举报材料进行标注或涂改；如果某些材料需要反复阅读，就要进行复印，然后进行标注。

④ 登记。需要登记的内容主要有：来信人的身份信息等内容；被反映舞弊员工的部门、职务等内容；所反映的主要问题等内容。

（2）来电。对于举报电话，企业要安排专门人员认真接听，耐心听取，做好记录，并做好同步录音。重要事项，要跟举报人复述确认；有些重要问题，可以要求其进一步提供书面材料或有关证据；如果问题比较复杂，电话里讲不清楚，可以征求其当面陈述的意愿。

（3）来访。如果有人专程上门举报，就要在专门的接待室或其他符合规定的场所进行，如果条件允许，可以将接待场所安排在公司一楼，并与企业办公区域保持一定的距离。接待工作一般由两人及两人以上进行，一人负责谈话，一人负责记录。

对于来访的，接待者要抓住以下几个重点。

① 要了解来访者的姓名、联系方式以及反映的主要问题等。

② 当着来访者的面，复述反映的主要问题，并告知其处理问题的基本原则、程序和大概时间。

③ 如果来访者多次重复，则要认真倾听他们的陈述，有针对性地做好疏导工作，及时告知企业主要领导。

3．重视网络举报

如今，网络举报已经成为舞弊举报最主要的渠道，举报材料涵盖文字、图片、视频、音频等多种形式，信息量大，更有针对性，且便捷高效。现在，很多民营企业不但在企业内部公开网络举报渠道，还在供应商、客户等方面公开网络举报渠道，因此，收到网络举报后，要进行备份和打印，如果有视听资料、图片等举报，要进行光盘刻录，还要注明时间、出处等信息；同时，确保原舞弊举报源头不被污染、删除和修改等。

4．舞弊举报线索的识别

收到舞弊举报线索后，如何识别真假？

（1）分析判断是否有明确的被举报人或单位。

（2）分析判断是否有明确的事实或迹象。

（3）分析判断举报材料中的情况是否存在利用职务便利。

（4）分析判断被举报人的特点、经历、背景和隐私等情况。

（5）分析判断被举报人作案的动机、手法和防范心理。

（6）分析判断被举报人在涉案事实中有无可依靠的人员、可利用的外部条件和其他各种因素。

（7）分析判断被举报事实有无知情人或直接经手人。

（8）分析判断举报人是局外人还是知情人。

（9）分析判断举报事件是单一举报还是多头举报。

（10）分析判断举报动机属于哪类情况。

（11）分析判断举报事实的可能性和真实性程度。

（12）分析判断举报事实是否涉及窝案、串案。

（13）分析判断举报事实的关键症结所在。

（14）分析判断事实证据获取的可能性及途径。

（15）分析判断调查工作的切入点。

（16）分析判断举报事实的发展趋势和各种可能。

（17）分析判断调查过程中的有利因素和不利因素。

（18）分析判断调查工作需要几个阶段。

（19）分析判断调查周期需要多长时间。

（20）分析判断调查人员应该如何最佳组合。

5. 舞弊举报线索的办结

舞弊线索调查结束后，根据舞弊举报线索的属实程度进行区分，分为属实、基本属实和失实三类。

首先，由相关人员将舞弊举报线索所反映问题逐一论述，按不同类别归类，并上报给企业主要领导。

其次，将舞弊线索的处理结果及时反馈给举报人，举报线索的处置结果要由专门的负责人员评估，并通过邮件反馈给举报人。

最后，举报人可通过上述邮件系统跟踪其提交的举报的处理进度。具体反馈的程序如下。

（1）内审监察部门受理署名舞弊举报后，对署名的真实性进行甄别，了解举报人的真实姓名、工作单位、联系电话等信息，并严格保密。

（2）舞弊举报问题调查处理结束后，由承办人起草反馈意见，经主管领导同意后，反馈给举报人。

（3）反馈工作结束后，承办人负责填写反馈情况登记表，记录反馈的时间、方式、主要内容和举报人的意见等情况。

（4）受理的署名举报邮件，因线索不清楚的，或不属于内审监察部门管辖而转有关部门处理的，应将情况及时告知举报人。

内审监察部门在案件办结后，要根据处理结果进行补救和跟踪，提出问题整改建议，督促有关部门和人员在规定时限内予以落实，并收集相关文档资料。如果提出了整改时限，就要向有关部门和人员下达内审监察建议书、限期整改通知书等，明确需整改的问题，提出整改意见、建议和时限要求。

6. 反舞弊举报线索的管理

（1）设定密级。根据举报人的相关个人信息，按照企业内部信息安全管理条例中的"绝密"级信息进行处理；如果调查团队在没有得到内审监察部的书面授权时，不能对团队外部人员透露调查信息。

（2）建立保护举报人制度。严格保密举报人的有关信息，对举报人的任何形式的报复，绝不姑息。一旦发现，就要彻查，妥善处理打击报复行为。对于违反人员，要严肃处理，直至解除劳动合同。

（3）提供专门的保密邮箱。举报人通过网络或电话提交举报报告，企业要为举报人提供专门的保密邮箱，并要求举报人自行设置用户名和密码。通过该邮箱提交的举报报告，将直接进入企业专门的安全服务器，以免发生可能违反信息安全条例的情况。

2022 年 9 月，财政部发布了《关于加大审计重点领域关注力度 控制审计风险 进一步有效识别财务舞弊的通知》，虽然该通知是针对各省、自治区、直辖市财政厅（局），深圳市财政局，新疆生产建设兵团财政局，各注册会计师协会，各会计师事务所发布的，但是对于企业的舞弊防范工作也具备指导意义，因此，将该通知的附件作为本章附件，以供参考。

财务舞弊易发高发领域及重点应对措施

会计师事务所和注册会计师在审计过程中，要严格执行执业准则规则，控制审计风险，在做好其他领域审计的同时，加大对近年来财务舞弊易发高发领域的关注力度，合理运用职业判断，对发现的可能存在的舞弊风险做好有效应对。

1．货币资金相关舞弊风险应对措施

（1）针对虚构货币资金相关舞弊风险。一是严格实施银行函证程序，保持对函证全过程的控制，恰当评价回函可靠性，深入调查不符事项或函证程序中发现的异常情况；二是关注货币资金的真实性和巨额货币资金余额以及大额定期存单的合理性；三是了解企业开立银行账户的数量及分布，是否与企业实际经营需要相匹配且具有合理性，检查银行账户的完整性和银行对账单的真实性；四是分析利息收入和财务费用的合理性，关注存款规模与利息收入是否匹配，是否存在"存贷双高"现象；关注是否存在大额境外资金，是否存在缺少具体业务支持或与交易金额不相匹配的大额资金或汇票往来等异常情况。

（2）针对大股东侵占货币资金相关舞弊风险。一是识别企业银行对账单中与实际控制人、控股股东或高级管理人员的大额资金往来交易，关注是否存在异常的大额资金流动，关注资金往来是否以真实、合理的交易为基础，关注利用无商业实质的购销业务进行资金占用的情况；二是分析企业的交易信息，识别交易异常的疑似关联方，检查企业银行对账单中与疑似关联方的大额资金往来交易，关注资金或商业汇票往来是否以真实、合理的交易为基础；三是关注期后货币资金重要账户的划转情况以及资金受限情况；四是通过公开信息等可获取的信息渠道，了解实际控制人、控股股东财务状况，关注其是否存在资金紧张或长期占用企业资金等情况，检查大股东有无高比例股权质押的情况。

（3）针对虚构现金交易相关舞弊风险。一是结合企业所在行业的特征，恰当评价现金交易的合理性，检查相关内部控制是否健全、运行是否有效，是否保留了充分的资料和证据；二是计算月现金销售收款、现金采购付款的占比，关注现金收、付款比例是否与企业业务性质相匹配，识别现金收、付款比例是否存在异常波动，并追查波动原因；三是了解现金交易对方的情况，关注使用现金结算的合理性和交易的真实性；四是检查大额现金收支，追踪来源和去向，核对至交易的原始单据，关注收付款方、收付款金额与合同、订单、出入库单相关信息是否一致；五是检查交易对象的相关外部证据，验证其交易真实性；六是检查是否存在洗钱等违法违规行为。

2．存货相关舞弊风险应对措施

（1）针对虚构存货相关舞弊风险。一是根据存货的特点、盘存制度和存货内部控制，设计和执行存货监盘程序；二是关注是否存在金额较大且占比较高、库龄较长、周转率低于同行业可比公司等情形的存货，分析评价其合理性；三是严格执行分析性程序，检查存货结构波动情况，分析其与收入结构变动的匹配性，评价产成品存货与收入、成本之间变动的匹配性；四是对异地存放或由第三方保管或控制的存货，严格执行函证或异地监盘等程序。

（2）针对账外存货相关舞弊风险。一是在其他资产审计中，关注是否有转移资产形成账外存货的情况；二是关注存货盘亏、报废的内部控制程序，关注是否有异常大额存货盘亏、报废的情况；三是存货监盘中，关注存货的所有权及完整性；四是关注是否存在通过多结转成本、多报耗用数量、少报产成品入库等方式，形成账外存货。

3．在建工程和购置资产相关舞弊风险应对措施

（1）针对利用在建工程掩盖舞弊的风险。一是检查是否存在与企业整体生产经营规划不符或与预算不符的异常在建工程项目；二是检查是否存在非正常停工或长期未完工的工程项目，关注有无通过虚构在建工程项目或虚增在建工程成本进行舞弊的情形。

（2）针对通过购置固定资产实施舞弊的风险。一是复核购置固定资产的理由及其合理性；二是检查购置固定资产相关的采购合同、采购发票等，判断固定资产计价的准确性，关注是否存在混淆费用和成本属性来操纵利润的情形；三是复核已入账固定资产的验收情况，观察固定资产是否确实存在并了解其使用情况。

4．资产减值相关舞弊风险应对措施

（1）针对通过不恰当计提减值准备人为调整资产账面价值的舞弊风险。一是对于存在减值迹象的资产，复核企业资产减值的测试过程和结果，评价管理层做出的与资产减值相关的重大判断和估计，必要时利用专家工作；二是对于持续存在减值迹象的资产，关注一次性大额计提减值的合理性，以及是否存在以前年度未予充分计提减值的情况。

（2）针对通过不恰当计提坏账准备人为调整利润的舞弊风险。一是复核企业对应收账款进行信用风险评估的相关考虑和客观证据，评价是否恰当识别各项应收账款的信用风险特征；二是评价应收账款账龄与预期信用损失计算的合理性，复核计提坏账准备的准确性，检查计提方法是否按照坏账政策执行；三是检查应收账款的期后回款情况，关注是否存在通过虚构回款冲减往来款等情形，评价应收账款坏账准备计提的合理性。

5．收入相关舞弊风险应对措施

（1）针对收入确认存在的舞弊风险因素。一是客观评价企业哪些类型的收入或收入认定可能存在重大舞弊风险；二是严格核查收入的交易背景，关注是否存在复杂的收入安排，收入确认是否取决于较高层次的管理层判断等；三是详细查阅是否存在股权激励等可能构成舞弊动机的事项；四是关注企业管理层变更后，收入确认政策是否发生重大变化。

（2）针对虚增或隐瞒收入舞弊风险。一是严格执行针对收入的分析程序，关注报告期毛利率明显偏高或毛利率波动较大、经营活动现金流量与收入不匹配等情况；二是借助数据分析工具，加强对收入财务数据与业务运营数据的多维度分析，有效识别异常情况；三是检查交易合同，并综合运用函证、走访、实地调查等方法，关注商业背景的真实性、资金资产交易的真实性、销售模式的合理性和交易价格的公允性等，识别是否存在虚构交易或进行显失公允的交易等情况，必要时，延伸验证相关交易的真实性；四是将业务系统和财务系统纳入信息系统一般控制和应用控制进行评价和测试，关注有无异常设定的超级用户等情况；五是分析收入确认政策的合规性，关注是否存在不恰当地以总额法代替净额法核算等情形。

（3）针对提前或延迟确认收入舞弊风险。一是严格实施收入截止测试，关注收入是否被计入恰当的期间；二是检查临近期末执行的重要销售合同，关注是否存在异常的定价、结算、发货、退货、换货或验收条款，关注期后是否存在退货以及改变或撤销合同条款的情况；三是复核重要合同的重要条款，关注是否存在通过高估履约进度，或将单项履约义务的销售交易拆分为多项履约义务，实现提前确认收入以及通过将多项履约义务合并为单项履约义务，延迟确认收入的情况。

6．境外业务相关舞弊风险应对措施

（1）针对虚构境外经营相关舞弊风险。一是结合境外业务所在国家

或地区的经济环境和企业自身发展情况，评价境外经营的合理性；二是检查境外业务供应链、交易流程、相关内部控制和财务报告编制流程，关注境外经营的真实性；三是充分了解企业内外部风险因素，关注企业面临业绩压力、存在扭亏为盈等重大变化下管理层的舞弊风险，评价是否存在可能导致对其持续经营能力产生重大影响的情况，重点关注企业境外经营所在地是否存在影响持续经营的事项。

（2）针对虚构境外收入相关舞弊风险。一是分析境外销售毛利率是否存在异常，相同或类似产品是否存在境外销售价格明显高于境内、境外销售毛利率明显高于境内等情形；二是核查企业海关出口数据、出口退税金额、境外客户应收账款函证情况、物流运输记录、发货验收单据、出口信用保险数据等，评估其是否与境外销售收入相匹配；三是检查企业汇兑损益的计算是否准确，是否与现有销售收入相匹配；四是关注境外业务的结算方式，销售回款是否来自签订业务合同的往来客户，对存在第三方代收货款情形的，关注是否与第三方回款的支付方，存在关联关系或其他利益安排，充分评估第三方回款的必要性和商业合理性。

（3）针对利用境外业务虚增虚构资产舞弊风险。一是对于储存在境外银行的货币资金，执行银行函证程序，关注是否存在被冻结的货币资金，是否存在大额境外资金，以及缺少具体业务支持或与交易金额不相匹配的大额资金或汇票往来等异常情况；二是对于源自境外客户的应收款项，考虑相关公司的信用风险、当前状况及未来经济情况的预测，评估管理层计提的预期信用减值损失是否恰当，检查是否存在大额应收款项减值或核销等情况；三是对于已通过海运或空运等方式发货但尚未到达海外客户的存货，向货运公司函证以验证存货的数量和金额，关注相关交易的真实性；四是关注税收缴纳等特殊领域，考虑利用专家工作，并充分评估专家的胜任能力、专业素质、客观性和工作结果。

7. 企业合并相关舞弊风险应对措施

（1）针对操纵合并范围实施舞弊的风险。一是检查控制的判断依据，充分关注与被投资企业相关安排的设计目的与意图，综合考虑有关合同、协议等约定的相关主体财务和经营决策、决策人员权力限制、利润分享或损失承担机制等因素，判断是否对被投资企业具有控制，并据此确定合并财务报表的合并范围是否恰当；二是评估未纳入合并范围的子公司可能对财务会计报告整体产生的影响，关注有无人为调整合并范围的情形。

（2）针对滥用企业合并实施舞弊的风险。一是关注企业合并的商业实质，是否与合并方的发展战略协同，特别是涉及复杂的交易、付款安排，相关的会计处理是否符合实质重于形式原则；二是检查被合并企业的业绩真实性、财务数据合理性，是否存在通过虚增收入达到高溢价并购以及并购业绩承诺精准达标的情况；三是关注被合并企业的内部控制情况，是否存在隐性关联方交易、违规为关联方担保、大股东违规占用资金等问题。

8. 商誉相关舞弊风险应对措施

（1）针对确认高额商誉相关舞弊风险。一是分析企业合并对价合理性、商誉金额的合理性、企业合并过程中专家意见的合理性；二是复核企业合并中合并成本计量的准确性，判断是否存在应计入合并成本中的或有对价；三是检查企业是否以购买日公允价值重新确认和计量被购买方所有可辨认资产和负债（包括被购买方拥有但未在个别财务报表中确认的资产和负债），是否因未能恰当识别和确认被购买方的可辨认资产（尤其是无形资产）和负债而形成高额商誉。

（2）针对商誉未被恰当分摊至相关资产组或资产组组合的舞弊风险。一是评价管理层商誉分摊方法的恰当性，判断是否存在为了避免计提商誉减值准备而扩大分摊商誉资产组或资产组组合的范围，将商誉分摊至可收回金额较高但与商誉不相关的资产组的情况；二是检查购买日后相关资产组或资产组组合发生了重组、处置等变化，或某些资产组已经与商誉不再相关时，是否对商誉进行重新分摊；三是检查是否存在人为安排合并范围内子公司间的交易，以提高资产组的相关收入或盈利的情形。

（3）针对商誉减值测试过程中的相关舞弊风险。一是评价与管理层进行商誉减值测试相关的内部控制设计和运行的有效性；二是复核管理层商誉减值测试方法的合理性及一致性，评价管理层在减值测试中采用的关键假设的合理性，并核实与上年关键假设的变化，关注盈利预测所使用基础数据和参数的相关性、准确性及完整性；三是评价商誉减值测试所涉及专家的胜任能力、专业素质和客观性，判断专家工作结果的恰当性，尤其要关注利用评估机构出具评估报告的情形。

（4）针对商誉减值确认相关舞弊风险。一是复核企业以前年度商誉减值计提情况，有无以前年度未计提或少计提而在本年度大幅计提商誉减值的情形，检查其理由和依据；二是关注企业是否存在与商誉有关的业绩承诺并分析其达标情况，关注是否存在精准达标或未达标，但未充分计提商誉减值的情况；三是检查商誉减值测试所依据的信息与管理层年度展望等相关信息的一致性。

9．金融工具相关舞弊风险应对措施

（1）针对金融工具分类和计量相关舞弊风险。一是检查金融工具分类的恰当性，关注债务工具和权益工具的区分不当、混淆业务模式与管理层投资时的主观意图、金融工具分类随意调整、复合金融工具或混合金融工具的拆分错误等情形；二是检查金融工具计价的准确性，关注因企业自身信用风险变化导致的金融负债公允价值变动的会计处理方式是否恰当，复核摊余成本计算的结果，并对公允价值计量的金融工具检查其报告期末公允价值数据来源或测试其估值模型。

（2）针对金融工具终止确认相关舞弊风险。一是关注金融资产终止确认是否满足合同权利终止或满足规定的转移，关注交易对手方的履约能力、交易条件、是否存在关联方关系等，分析其商业合理性，关注有无人为安排交易以满足某些监管要求或合同义务等情形；二是关注金融负债现时义务是否解除、终止确认的时点是否恰当，是否存在以承担新金融负债的方式替换原金融负债，人为提前或者不当终止确认金融负债虚增利润。

（3）针对利用复杂金融产品实施舞弊的风险。一是了解金融产品和服务的业务模式和盈利方式，是否符合企业会计准则和监管规范要求，特别关注混合金融工具会计处理的恰当性；二是关注是否存在"资金

池"、刚性兑付、违规承诺收益或其他利用多层嵌套、通道业务等方式将表内信用风险表外化的迹象；三是关注保理业务的商业实质，对相关的应收账款本身的真实性、可收回性进行分析，分析保理业务涉及的应收账款是否存在虚构交易或空转贸易情形。

10．滥用会计政策和会计估计相关舞弊风险应对措施

（1）针对滥用会计政策和会计估计变更实施舞弊的风险。一是结合企业经营状况，充分了解变更会计政策和会计估计的意图及其合理性；二是评价会计政策和会计估计变更前后经营成果发生的重大变化，检查是否存在通过会计政策和会计估计变更实现扭亏为盈，是否存在滥用会计政策和会计估计变更调节资产和利润等情况。

（2）针对混淆会计政策变更、会计估计变更和前期差错更正实施舞弊的风险。关注是否正确划分会计政策变更、会计估计变更和前期差错更正，是否如实反映相关的交易和事项，并进行相应会计处理和披露。特别是重要项目的会计政策、重大和异常交易的会计处理方法、在新领域和缺乏权威性标准或共识的领域采用重要会计政策产生的影响、会计政策的变更等，以及其对财务会计报告反映的信息质量的影响。

11．关联方相关舞弊风险应对措施

（1）针对通过未识别出或未披露的关联方实施舞弊的风险。一是保持职业怀疑态度，关注交易金额重大、交易发生频次较少且交易时间集中、交易条件与其他对手方明显不同、交易规模和性质与对方的能力明显不匹配，以及其他不具有合理商业理由的交易，关注是否存在关联交易非关联化；二是针对不具有合理商业理由的交易采取进一步审计程序，通过背景调查、交易信息分析等方法，评估对手方与企业的关系，识别将原关联方非关联化行为的动机及后续交易的真实性、公允性，以及是否存在通过相关交易增加利润的可能。

（2）针对通过关联方实施舞弊的风险。一是加强关联交易舞弊风险的评估与控制，关注是否存在通过以显失公允的交易条款与关联方进行交易、与关联方或特定第三方串通舞弊进行虚假交易或侵占被审计单位资产、实际控制人或控股股东通过凌驾于被审计单位内部控制之上侵占被审计单位资产等方式影响关联交易真实性、价格公允性，从而粉饰财务会计报告或进行利益输送的舞弊行为；二是关注交易商业安排的合理性、资金资产交易的真实性、销售模式的合理性和公允性、关联交易金额上限的合规性等内部控制流程和控制措施的有效性。

附录 《中央企业合规管理办法》

第一章　总　　则

第一条　为深入贯彻习近平法治思想，落实全面依法治国战略部署，深化法治央企建设，推动中央企业加强合规管理，切实防控风险，有力保障深化改革与高质量发展，根据《中华人民共和国公司法》《中华人民共和国企业国有资产法》等有关法律法规，制定本办法。

第二条　本办法适用于国务院国有资产监督管理委员会（以下简称国资委）根据国务院授权履行出资人职责的中央企业。

第三条　本办法所称合规，是指企业经营管理行为和员工履职行为符合国家法律法规、监管规定、行业准则和国际条约、规则，以及公司章程、相关规章制度等要求。

本办法所称合规风险，是指企业及其员工在经营管理过程中因违规行为引发法律责任、造成经济或者声誉损失以及其他负面影响的可能性。

本办法所称合规管理，是指企业以有效防控合规风险为目的，以提升依法合规经营管理水平为导向，以企业经营管理行为和员工履职行为为对象，开展的包括建立合规制度、完善运行机制、培育合规文化、强化监督问责等有组织、有计划的管理活动。

第四条　国资委负责指导、监督中央企业合规管理工作，对合规管理体系建设情况及其有效性进行考核评价，依据相关规定对违规行为开展责任追究。

第五条　中央企业合规管理工作应当遵循以下原则：

（一）坚持党的领导。充分发挥企业党委（党组）领导作用，落实全面依法治国战略部署有关要求，把党的领导贯穿合规管理全过程。

（二）坚持全面覆盖。将合规要求嵌入经营管理各领域各环节，贯穿决策、执行、监督全过程，落实到各部门、各单位和全体员工，实现多方联动、上下贯通。

（三）坚持权责清晰。按照"管业务必须管合规"要求，明确业务及职能部门、合规管理部门和监督部门职责，严格落实员工合规责任，对违规行为严肃问责。

（四）坚持务实高效。建立健全符合企业实际的合规管理体系，突出对重点领域、关键环节和重要人员的管理，充分利用大数据等信息化手段，切实提高管理效能。

第六条　中央企业应当在机构、人员、经费、技术等方面为合规管理工作提供必要条件，保障相关工作有序开展。

第二章　组织和职责

第七条　中央企业党委（党组）发挥把方向、管大局、促落实的领导作用，推动合规要求在本企业得到严格遵循和落实，不断提升依法合规经营管理水平。

中央企业应当严格遵守党内法规制度，企业党建工作机构在党委（党组）领导下，按照有关规定履行相应职责，推动相关党内法规制度有效贯彻落实。

第八条　中央企业董事会发挥定战略、作决策、防风险作用，主要履行以下职责：

（一）审议批准合规管理基本制度、体系建设方案和年度报告等。

（二）研究决定合规管理重大事项。

（三）推动完善合规管理体系并对其有效性进行评价。

（四）决定合规管理部门设置及职责。

第九条　中央企业经理层发挥谋经营、抓落实、强管理作用，主要履行以下职责：

（一）拟订合规管理体系建设方案，经董事会批准后组织实施。

（二）拟订合规管理基本制度，批准年度计划等，组织制定合规管理具体制度。

（三）组织应对重大合规风险事件。

（四）指导监督各部门和所属单位合规管理工作。

第十条　中央企业主要负责人作为推进法治建设第一责任人，应当切实履行依法合规经营管理重要组织者、推动者和实践者的职责，积极推进合规管理各项工作。

第十一条　中央企业设立合规委员会，可以与法治建设领导机构等合署办公，统筹协调合规管理工作，定期召开会议，研究解决重点难点问题。

第十二条　中央企业应当结合实际设立首席合规官，不新增领导岗位和职数，由总法律顾问兼任，对企业主要负责人负责，领导合规管理部门组织开展相关工作，指导所属单位加强合规管理。

第十三条　中央企业业务及职能部门承担合规管理主体责任，主要履行以下职责：

（一）建立健全本部门业务合规管理制度和流程，开展合规风险识别评估，编制风险清单和应对预案。

（二）定期梳理重点岗位合规风险，将合规要求纳入岗位职责。

（三）负责本部门经营管理行为的合规审查。

（四）及时报告合规风险，组织或者配合开展应对处置。

（五）组织或者配合开展违规问题调查和整改。

中央企业应当在业务及职能部门设置合规管理员，由业务骨干担任，接受合规管理部门业务指导和培训。

第十四条　中央企业合规管理部门牵头负责本企业合规管理工作，主要履行以下职责：

（一）组织起草合规管理基本制度、具体制度、年度计划和工作报告等。

（二）负责规章制度、经济合同、重大决策合规审查。

（三）组织开展合规风险识别、预警和应对处置，根据董事会授权开展合规管理体系有效性评价。

（四）受理职责范围内的违规举报，提出分类处置意见，组织或者参与对违规行为的调查。

（五）组织或者协助业务及职能部门开展合规培训，受理合规咨询，推进合规管理信息化建设。

中央企业应当配备与经营规模、业务范围、风险水平相适应的专职合规管理人员，加强业务培训，提升专业化水平。

第十五条　中央企业纪检监察机构和审计、巡视巡察、监督追责等部门依据有关规定，在职权范围内对合规要求落实情况进行监督，对违规行为进行调查，按照规定开展责任追究。

第三章　制度建设

第十六条　中央企业应当建立健全合规管理制度，根据适用范围、效力层级等，构建分级分类的合规管理制度体系。

第十七条　中央企业应当制定合规管理基本制度，明确总体目标、机构职责、运行机制、考核评价、监督问责等内容。

第十八条　中央企业应当针对反垄断、反商业贿赂、生态环保、安全生产、劳动用工、税务管理、数据保护等重点领域，以及合规风险较高的业务，制定合规管理具体制度或者专项指南。

中央企业应当针对涉外业务重要领域，根据所在国家（地区）法律法规等，结合实际制定专项合规管理制度。

第十九条　中央企业应当根据法律法规、监管政策等变化情况，及时对规章制度进行修订完善，对执行落实情况进行检查。

第四章　运行机制

第二十条　中央企业应当建立合规风险识别评估预警机制，全面梳理经营管理活动中的合规风险，建立并定期更新合规风险数据库，对风险发生的可能性、影响程度、潜在后果等进行分析，对典型性、普遍性或者可能产生严重后果的风险及时预警。

第二十一条　中央企业应当将合规审查作为必经程序嵌入经营管理流程，重大决策事项的合规审查意见应当由首席合规官签字，对决策事项的合规性提出明确意见。业务及职能部门、合规管理部门依据职责权限完善审查标准、流程、重点等，定期对审查情况开展后评估。

第二十二条 中央企业发生合规风险，相关业务及职能部门应当及时采取应对措施，并按照规定向合规管理部门报告。

中央企业因违规行为引发重大法律纠纷案件、重大行政处罚、刑事案件，或者被国际组织制裁等重大合规风险事件，造成或者可能造成企业重大资产损失或者严重不良影响的，应当由首席合规官牵头，合规管理部门统筹协调，相关部门协同配合，及时采取措施妥善应对。

中央企业发生重大合规风险事件，应当按照相关规定及时向国资委报告。

第二十三条 中央企业应当建立违规问题整改机制，通过健全规章制度、优化业务流程等，堵塞管理漏洞，提升依法合规经营管理水平。

第二十四条 中央企业应当设立违规举报平台，公布举报电话、邮箱或者信箱，相关部门按照职责权限受理违规举报，并就举报问题进行调查和处理，对造成资产损失或者严重不良后果的，移交责任追究部门；对涉嫌违纪违法的，按照规定移交纪检监察等相关部门或者机构。

中央企业应当对举报人的身份和举报事项严格保密，对举报属实的举报人可以给予适当奖励。任何单位和个人不得以任何形式对举报人进行打击报复。

第二十五条 中央企业应当完善违规行为追责问责机制，明确责任范围，细化问责标准，针对问题和线索及时开展调查，按照有关规定严肃追究违规人员责任。

中央企业应当建立所属单位经营管理和员工履职违规行为记录制度，将违规行为性质、发生次数、危害程度等作为考核评价、职级评定等工作的重要依据。

第二十六条　中央企业应当结合实际建立健全合规管理与法务管理、内部控制、风险管理等协同运作机制，加强统筹协调，避免交叉重复，提高管理效能。

第二十七条　中央企业应当定期开展合规管理体系有效性评价，针对重点业务合规管理情况适时开展专项评价，强化评价结果运用。

第二十八条　中央企业应当将合规管理作为法治建设重要内容，纳入对所属单位的考核评价。

第五章　合　规　文　化

第二十九条　中央企业应当将合规管理纳入党委（党组）法治专题学习，推动企业领导人员强化合规意识，带头依法依规开展经营管理活动。

第三十条　中央企业应当建立常态化合规培训机制，制定年度培训计划，将合规管理作为管理人员、重点岗位人员和新入职人员培训必修内容。

第三十一条　中央企业应当加强合规宣传教育，及时发布合规手册，组织签订合规承诺，强化全员守法诚信、合规经营意识。

第三十二条　中央企业应当引导全体员工自觉践行合规理念，遵守合规要求，接受合规培训，对自身行为合规性负责，培育具有企业特色的合规文化。

第六章　信息化建设

第三十三条　中央企业应当加强合规管理信息化建设，结合实际将合规制度、典型案例、合规培训、违规行为记录等纳入信息系统。

第三十四条 中央企业应当定期梳理业务流程，查找合规风险点，运用信息化手段将合规要求和防控措施嵌入流程，针对关键节点加强合规审查，强化过程管控。

第三十五条 中央企业应当加强合规管理信息系统与财务、投资、采购等其他信息系统的互联互通，实现数据共用共享。

第三十六条 中央企业应当利用大数据等技术，加强对重点领域、关键节点的实时动态监测，实现合规风险即时预警、快速处置。

第七章 监 督 问 责

第三十七条 中央企业违反本办法规定，因合规管理不到位引发违规行为的，国资委可以约谈相关企业并责成整改；造成损失或者不良影响的，国资委根据相关规定开展责任追究。

第三十八条 中央企业应当对在履职过程中因故意或者重大过失应当发现而未发现违规问题，或者发现违规问题存在失职渎职行为，给企业造成损失或者不良影响的单位和人员开展责任追究。

第八章 附 则

第三十九条 中央企业应当根据本办法，结合实际制定完善合规管理制度，推动所属单位建立健全合规管理体系。

第四十条 地方国有资产监督管理机构参照本办法，指导所出资企业加强合规管理工作。

第四十一条 本办法由国资委负责解释。

第四十二条 本办法自 2022 年 10 月 1 日起施行。

参 考 文 献

[1] 法律出版社法规中心.中华人民共和国民法典注释本 [M]. 2 版. 北京：法律出版社，2022.

[2] 彭诚信，陈吉栋.民法典与日常生活 [M].上海：上海人民出版社，2020.

[3] 中国法制出版社.民法典学习笔记 [M].北京：中国法制出版社，2021.

[4] 程啸.民法学习方法九讲 [M].北京：中国人民大学出版社，2022.

[5] 中国法制出版社.民法典合同编及司法解释汇编：含指导案例 [M].北京：中国法制出版社，2023.

[6] 法律出版社法律应用中心.民法典合同编及司法解释应用一本通 [M].北京：法律出版社，2024.

[7] 法律出版社法规中心.最新民法典及相关司法解释汇编 [M].北京：法律出版社，2023.

[8] 中国法制出版社.民法典合同编学习宣传本：含司法解释 [M].北京：中国法制出版社，2024.

[9] 中国法制出版社.民法典及相关司法解释速查手册：含民法典合同编司法解释 [M].北京：中国法制出版社，2023.

[10] 邬晓东，王立，等.民法典时代的金融交易规则 [M].北京：北京大学出版社，2023.

[11] 中国法制出版社.民法小法典：含民法典及司法解释 [M]. 2 版. 北京：中国法制出版社，2023.